Franziska Weyer

111 Orte rund um den Genfersee, die man gesehen haben muss

111

emons:

Bibliographische Informationen der Deutschen Nationalbibliothek
Die Deutsche Nationalbibliothek verzeichnet diese Publikation in der Deutschen Nationalbibliografie; detaillierte bibliografische Daten sind im Internet über http://dnb.d-nb.e abrufbar.

MIX
Papier aus verantwortungsvollen Quellen
FSC® C083411
FSC
www.fsc.org

Gestaltung: Editorial Design & Artdirection, Conny Laue, Bochum, nach einem Konzept von Lübbeke | Naumann | Thoben
Kartografie: altancicek.design, www.altancicek.de
Kartenbasisinformationen aus Openstreetmap,
© OpenStreetMap-Mitwirkende, ODbL
Druck und Bindung: CPI – Clausen & Bosse, Leck
Printed in Germany 2022
ISBN 978-3-7408-1215-7

Vorwort

Gleich vorweg – hier steht der See im Mittelpunkt, denn der Genfersee ist nicht nur ein See der Superlative, sondern ein magischer Anziehungspunkt!

Seine Ursprungsgletscher liegen in der Schweiz und in Frankreich, die Ländergrenze verläuft durch die Mitte des Wassers. Um den sichelförmigen und bis zu 300 Meter tiefen See ganz zu umrunden, fährt man auf 167 Kilometern Küstenlinie durch die drei Schweizer Kantone Genf, Waadt und Wallis und auf weiteren 54 Kilometern durch das Département Haute-Savoie in Frankreich. Der grösste Binnensee Europas wird im Südwesten von den hohen Gipfeln der Alpen, im Norden vom Jura-Gebirge und dazwischen von hügeligen Ebenen umrahmt. Die Rhône fliesst von Ost nach West durch ihn hindurch, wobei ein Wassertropfen elf Jahre von Le Bouveret bis nach Genf braucht.

Die Kelten, die Römer und die Burgunder liessen sich an seinen Ufern nieder, die Herren von Savoyen und die Berner Obrigkeit kämpften hier erbittert um Grundbesitz und Macht, Exilanten aus aller Herren Länder fanden am Genfersee eine neue Heimat. Dank Rousseaus Liebesroman «La nouvelle Héloïse», in dem die Riviera als «der schönste Fleck der Erde» beschrieben wird, boomte auf der Schweizer Seite ab dem 18. Jahrhundert der Tourismus, dank der Mineralwasserquellen etwas später auch auf der französischen Seite. Bis heute ist der Genfersee ein Wallfahrtsort nicht nur für die Schönen und Reichen, sondern auch für Naturliebhaber, Wassersportfans, Kulturbegeisterte und Freunde der gehobenen Gastronomie und des Weins.

Vor allem aber vermittelt der See mit seinem fast schon mediterranen Klima, dem atemberaubenden Panorama, den abwechslungsreichen Uferlandschaften, Dörfern und Städten, den 130 Burgen und Schlössern und natürlich den Menschen mit ihren unterschiedlichen Kulturen ein Lebensgefühl, das man sich nicht entgehen lassen sollte und das sich hier in 111 Geschichten widerspiegelt.

111 Orte

1 Die Belle-Époque-Flotte

Mit Volldampf über den Genfersee

Man kann unmöglich über den Genfersee schreiben, ohne die weisse Schiffsflotte der CGN zu erwähnen, die seit 1823 die einzelnen Anrainerortschaften miteinander verbindet und bis heute allgegenwärtig auf dem See ist.

1823 beantragt der amerikanische Konsul Edward Church nach einem Besuch am Genfersee beim Kanton Waadt eine Lizenz für eine Dampfschifflinie, lässt ein Holzschiff bauen, tauft es «Guillaume Tell» und baut damit eine regelmässige Verbindung von Genf nach Ouchy auf, für die man damals sechs Stunden benötigt. Nur ein Jahr später bekommt er Konkurrenz von der Enterprise de Winkelried, die den gleichnamigen, 30 Meter langen Schaufelraddampfer zu Wasser lässt. 50 Jahre später tummeln sich schon acht Dampfschiffe auf dem See, und mehrere Gesellschaften schliessen sich zur Schifffahrtsgesellschaft CGN zusammen. Der Tourismus floriert, die Flotte wächst, Komfort und Schnelligkeit werden stetig verbessert, und so tritt 1875 der erste Salonraddampfer, die «Mont Blanc», seine Jungfernfahrt an. Die «France» ist 1886 das erste Schiff mit elektrischer Beleuchtung. 1896 läuft mit der «Genêve» ein Dampfer für 1.000 Passagiere vom Stapel.

Bis zum Ersten Weltkrieg bestellt die CGN etwa alle 18 Monate ein neues Schiff, darunter einige Salonschiffe, die heute noch hier verkehren. Im Krieg steigt die Nachfrage nach Metall so stark, dass einige Schiffe verschrottet werden müssen. In späteren Jahren werden die Dampfmaschinen durch kostengünstigere Dieselmotoren ersetzt. Ab den 1960er Jahren wird die Flotte renoviert und aufgestockt, um sowohl Kurz- wie Langstrecken mit den inzwischen 43 Anlegestellen gleichermassen gut bedienen zu können. Mit acht zum Teil über 100 Jahre alten, detailverliebt und historisch meisterlich renovierten Raddampfern besitzt die CGN heute die grösste Belle-Époque-Flotte der Welt, deren Anblick quasi das Flaggschiff des Genfersees ist.

Adresse Verwaltungssitz und Werft der CGN, Avenue de Rhodanie 17, 1001 Lausanne, www.cgn.ch | ÖV Metro m2, Haltestelle Ouchy-Olympique und 10 Minuten zu Fuß, Bus 2, 25, Haltestelle Théâtre de Vidy und 5 Minuten zu Fuß | Tipp Luxus pur bietet eine Gourmet-Rundfahrt auf einem der historischen Salondampfer mit holzvertäfelten 1.-Klasse-Salons. Diese Rundfahrten werden beispielsweise von Le Bouveret, Vevey, Montreux und Lausanne aus angeboten.

2 Schloss Coppet

Ein wahrhaft aristokratischer Verbannungsort

Als ihr Vater, der ehemalige französische Finanzminister von König Ludwig XVI., 1784 das nahe Genf auf Berner Gebiet liegende Schloss in Coppet kauft, weiss seine Tochter und Erbin Germaine de Staël noch nicht, dass es ihr einmal als Exil würde dienen müssen. Germaine hasst diesen in ihren Augen langweiligen Ort, dabei ist die einstige savoyardische Festung aus dem 13. Jahrhundert dank vieler Umbauten mittlerweile ein prächtiges Schloss mit einer riesigen Bibliothek, einem hübsch angelegten Garten und einem fantastischen Blick auf den See und die französischen Alpen.

Für die Pariser Salondame und politisch engagierte Botschaftergattin Germaine de Staël, die 1792 von den Auswirkungen der Französischen Revolution das erste Mal ins Exil gezwungen wird und sich später Napoleon zum Intimfeind macht, ist Coppet ein goldener Käfig. Sie verabscheut das Landleben und die Schweizer Sitten, unterstützt jedoch den aus ihrer Sicht mutigen Wunsch der Schweizer nach Unabhängigkeit. Zwei ihrer vier Kinder werden in Coppet geboren, und hier schreibt die Aristokratin auch die meisten ihrer Bücher. Dennoch vermisst sie in den zehn Jahren Schweizer Exil ihr geliebtes Paris, wo sie einst einen der begehrtesten Salons Europas geführt hat. Doch auch ihr Salon in Coppet, der schnell zur «Clique der Freiheit» avanciert, wird zum Anziehungspunkt internationaler Grössen. Sie schätzt die deutschen «Dichter und Denker» (tatsächlich stammt dieser Ausdruck von ihr), engagiert den Romantiker August Wilhelm Schlegel als Hauslehrer für ihre Kinder, pflegt eine 16 Jahre dauernde stürmische Beziehung zu dem Schweizer Schriftsteller Benjamin Constant und gestattet dem britischen Dichter Lord Byron, Dauergast auf Coppet zu sein.

Im Schloss beziehungsweise im öffentlich zugänglichen Familiensitz der siebten Generation seit Madame de Staël wird das Andenken an die berühmte Baronin bis heute gewahrt.

Adresse Schloss Coppet (Fondation Othenin d'Haussonville), Rue de la Gare 2, 1296 Coppet | **ÖV** 2 Minuten Fussweg vom Bahnhof Coppet entfernt und knapp 10 Minuten Fussweg von der CGN-Anlegestelle Coppet | **Öffnungszeiten** April–Okt. Di–So 14–18 Uhr, Führungen: 14.15, 15, 16.30 und 17.15 Uhr | **Tipp** Das hübsche, alte und direkt am Seeufer gelegene Städtchen Coppet – vom Schloss keine fünf Minuten entfernt – lohnt einen Rundgang. Im Winter können die Schlossräume zwar nicht besichtigt werden, stattdessen gibt es im Schlosspark eine Schlittschuhbahn.

3 Die reformierte Kirche

Das Pfingstwunder als Graffiti

Das gewaltige Wandbild auf der linken Seite des romanischen Chors der kleinen Kirche zeigt das Pfingstwunder, wie es die Apostelgeschichte im Neuen Testament erzählt und wovon jeder Übersetzer träumt. Die Jünger stehen aufrecht in einem Raum, vom Himmel senkt sich der Heilige Geist in Menschengestalt zu ihnen herab und sendet mit seinen Händen Flammen aus, die es ihnen ermöglichen, plötzlich in fremden Sprachen zu sprechen.

Die ältesten Fragmente dieses Wandbildes weisen auf seine Entstehung in der zweiten Hälfte des 13. Jahrhunderts hin, was es zu einer der drei ältesten heute noch erhaltenen Fresken des Waadtlandes kürt. Vermutlich hat der unbekannte Künstler die Jungfrau Maria absichtlich weggelassen, weil sich die Glaubensbrüder in Nyon um 1250 komplett an einem maskulinen Weltbild orientierten und der Zutritt zum Chor ausschliesslich Männern vorbehalten war.

Im Laufe der Zeit verwitterte das ungewöhnliche Wandbild so stark, dass es quasi in Vergessenheit geriet - bis sich der Restaurator Ernest Correvon, der mit seiner Mannschaft häufig auf mehreren Baustellen gleichzeitig rund um den Genfersee unterwegs war, 1925 bis 1926 der alten Fresken annahm. Er hauchte ihnen neues Leben ein, füllte Löcher auf, vervollständigte Linien wieder und frischte vor allem die Farben auf, bis man einen Teil der Apostel sogar wieder identifizieren konnte.

Als 2016 die gesamte Kirche aufwendig restauriert wurde, stellten die Experten jedoch überrascht fest, dass Correvons Retuschen nicht ganz dem mittelalterlichen Original entsprachen. Offensichtlich hatte er auf der linken Seite überhaupt keine Spuren mehr von den äusseren beiden Aposteln gefunden und statt ihrer einfach mit dem Mut zur künstlerischen Freiheit eine neue Figur erfunden. Die Restauratoren entschieden sich, Correvons Apostel wieder zu entfernen und die ursprünglichen Fragmente sichtbar zu machen.

Adresse Reformierte Kirche Notre-Dame, Rue du Temple 2, 1260 Nyon | **ÖV** CGN, Anlegestelle Nyon und zu Fuss 10 Minuten hinauf zur Kirche oder mit dem Zug bis zum Bahnhof Nyon und dann zu Fuss 5 Minuten bis zur Kirche | **Öffnungszeiten** tagsüber | **Tipp** Unter dem letzten Bauherrn des Château Chillon – dem Archäologen Albert Naef – restaurierte Correvon ab 1914 auch viele der Fresken in der dortigen Kapelle und vor allem auch die bizarren Tierdarstellungen in der «Camera domini».

4 Die römischen Säulen

Ave Cäsar!

Cäsar ist es zu verdanken, dass sich der Keltenstamm der Helvetier im Zuge der Gallischen Kriege um 50 vor Christus wieder an den Ufern des Genfersees niederliess und unter Aufsicht der Römer an der Stelle der heutigen Altstadt von Nyon die Kolonie Iulia Equestris gründete. Der Status einer Kolonie verpflichtete die Einwohner, beim Bau die Standards einer römischen Metropole anzuwenden. Zum Forum gehörte daher auch eine lange, halb unterirdische Galerie, die drei Säulenhallen um den dem Kaiserkult gewidmeten Tempel stützte.

Die Überreste drei dieser Säulen mit dem dazugehörigen Gesims wurden 1958 zur Zweihundertjahrfeier der Stadt auf der Esplanade des Marronniers oberhalb eines kleinen Parks quasi auf den mittelalterlichen Stadtmauern so aufgestellt, dass man durch sie hindurch auf den See und die französischen Alpen am gegenüberliegenden Ufer schauen kann, als betrachte man ein Gemälde.

Doch zurück zu Cäsar: Als man 1974 bei Ausgrabungen unter den Fundamenten der Altstadt auf die Reste der römischen Basilika stiess, die ebenfalls zum 50 nach Christus fertiggestellten Forum gehörte, taufte man kurzerhand einen kleinen Platz, nur wenige Schritte von den römischen Säulen entfernt und über dem römischen Museum gelegen, in «Esplanade Jules César» um und stellte dort eine Kopie der berühmten Marmorstatue aus dem Palazzo Senatorio in Rom auf. Schließlich wären die Helvetier ohne den ernst dreinblickenden römischen Feldherren nicht an den Genfersee umgesiedelt worden, und die Schweiz würde vermutlich bis heute nicht, zumindest auf dem internationalen Bankett, Helvetia heissen. Vom Platz aus sichtbar ist ebenfalls ein 20 Meter hohes Wandbild auf der Rückseite eines Hauses, das den Blick in eine der Säulenhallen suggeriert. 1996 entdeckten Archäologen zudem unweit entfernt die Überreste eines Amphitheaters, dessen Restaurierung allerdings noch nicht abgeschlossen ist.

Adresse Esplanade des Marronniers, 1260 Nyon | ÖV CGN, Anlegestelle Nyon und zu Fuss 10 Minuten durch den Parc du Bourg-de-Rive hinauf auf den Platz oder mit dem Zug bis zum Bahnhof Nyon und dann zu Fuss 10 Minuten durch die Altstadt | Tipp Die römische Stadtgeschichte Nyons zum Anfassen bietet das 1979 unterirdisch angelegte, über den Mauerresten der Basilika errichtete Römische Museum, dessen roter Eingang sich direkt unterhalb der Esplanade Jules César befindet. Rue Maupertuis 9, 1260 Nyon, Öffnungszeiten: Nov.–März Di–So 14–17 Uhr, April–Okt. Di–So 10–17 Uhr.

5 Das Genfersee-Museum

Rekordjagd mit wissenschaftlichem Eifer

Auguste, Jacques und Bertrand Piccard: Diese Namen stehen für drei Generationen einer Schweizer Familie, die mit unermüdlichem Forscherdrang und Abenteuerlust vom Ufer des Genfersees aus in die Tiefen der Meere und hoch in die Lüfte aufbrachen. Grossvater Auguste überquert 1931 im Freiballon die Alpen, erreicht dabei die Stratosphäre und stellt damit den Ballon-Höhenrekord von 15.785 Metern auf, den er später noch um über 1.000 Höhenmeter übertrifft. Kurz darauf entwickelt er mit seinem Sohn Jacques das Bathyskaph «Trieste», einen neuen U-Boot-Typ, mit dem sie 1953 im Tyrrhenischen Meer in einer Tiefe von 3.150 Metern das Meeresleben erforschen. 1960 taucht Jacques im Marianengraben mit der «Trieste» sogar 10.916 Meter tief hinab, bevor er 1964 das grösste Tourismus-U-Boot aller Zeiten konstruiert, in dem noch im gleichen Jahr gut 33.000 Passagiere auf den Grund des Genfersees abtauchen. Mit seinem in den 1970er Jahren entwickelten U-Boot «F.A.Forel» werden viele der Schweizer Seen wissenschaftlich erforscht.

Kurz bevor er 2008 in La Tour-de-Peilz stirbt, erwähnt Jacques in einem Interview, dass er eigentlich gerne Astronaut geworden wäre. Daher ist es vielleicht nur logisch, dass sich sein Sohn Bertrand wieder in die Lüfte erhebt, Europameister im Kunstflug wird, als Erster im Ultraleichtflugzeug die Alpen überquert, nach zwei Fehlversuchen 1999 von Château-d'Oex aus mit dem Heissluftballon «Breitling Orbiter 3» die Erde in 19 Tagen nonstop umrundet und mit dieser Fahrt gleich sieben Weltrekorde aufstellt. 2015 startet Bertrand erneut zu einer Erdumrundung, dieses Mal aber mit einem eigens dafür entwickelten Solarflugzeug, um das Bewusstsein für mehr Energieeffizienz und für erneuerbare Energien zu schärfen.

Das Genfersee-Museum widmet der Familie Piccard fast eine ganze Etage und veranschaulicht eindrücklich ihre Abenteuer, Rekorde und wissenschaftlichen Missionen.

Adresse Musée du Léman, Quai Louis-Bonnard 8, 1260 Nyon | **ÖV** CGN, Anlegestelle Nyon und zu Fuss 5 Minuten nach links am Seeufer entlang bis zum Museum oder mit dem Zug vom Bahnhof Nyon zu Fuss 15 Minuten durch die Altstadt hinab zum See | **Öffnungszeiten** Nov.–März Di–So 14–17 Uhr, April–Okt. Di–So 10–17 Uhr | **Tipp** Abenteuerlustig geworden? Die Gleitschirmflugschule Fly-Xperience in Villeneuve bietet Tandemflüge an, um den Genfersee aus der Vogelperspektive zu erleben. Adresse: Chemin des Roseaux, 1845 Noville, Voranmeldung unter Tel. +41/78/6482068, www.fly-xperience.com.

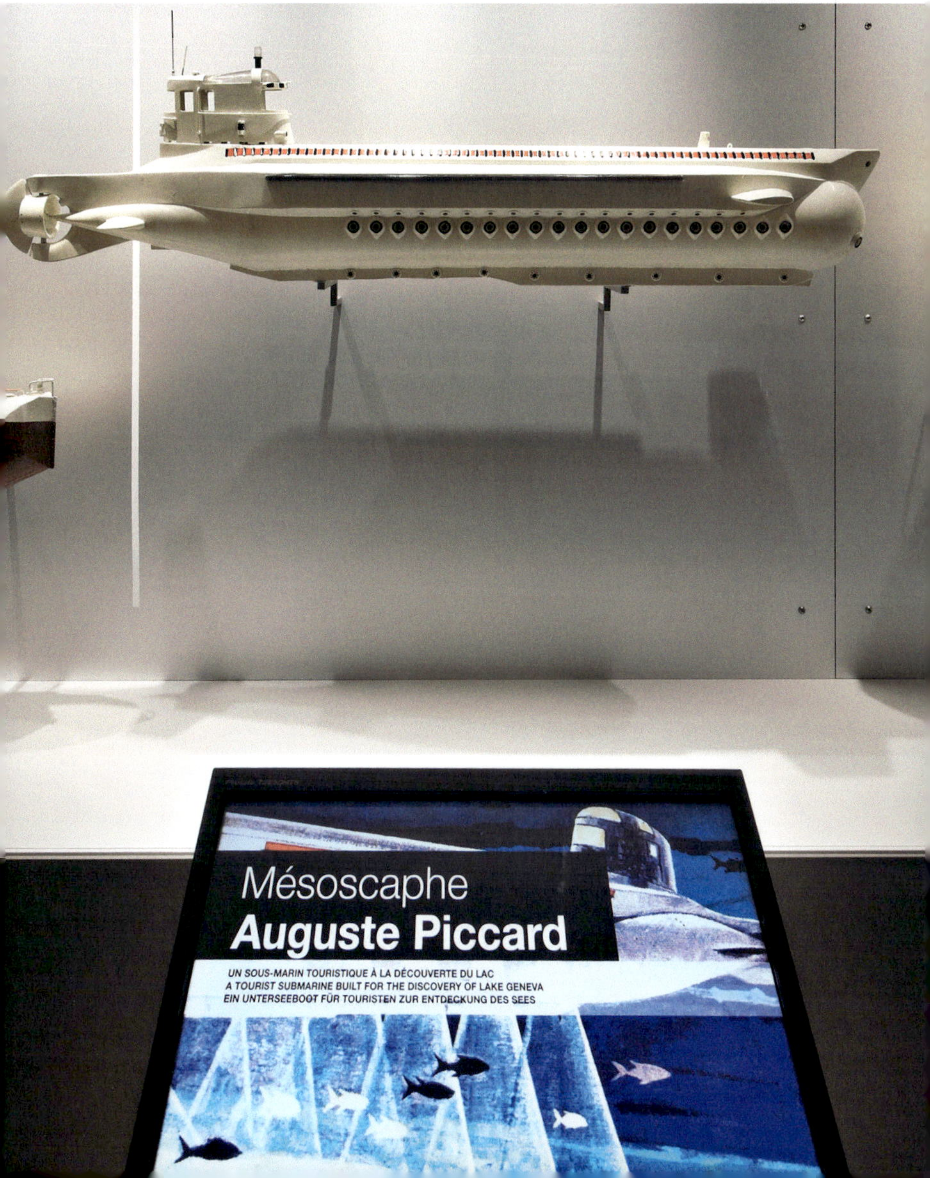

6 Das Schloss

Viel zu entdecken – vom Keller bis zum Dachboden

Das erst Anfang des 21. Jahrhunderts komplett renovierte, stattliche Schloss mit der weissen Silhouette thront seit dem 12. Jahrhundert weithin sichtbar über der Altstadt von Nyon und beherbergt seit 1888 ein historisches Museum und eine umfangreiche Porzellansammlung. Kein Wunder, denn Nyon besass einst die bedeutendste Porzellanmanufaktur der Schweiz, in der noch bis 1979 Fayencen produziert wurden. Genau das, was man in so einem historischen Gemäuer erwartet. Doch in diesem Schloss lohnt es sich sogar, bis auf den Dachboden hinaufzusteigen, denn hier wird seit 2006 in einer Dauerausstellung gezeigt, was man beim Entrümpeln eines Schlosses und einiger Patrizierhäuser der Stadt so alles finden kann.

Für die historisch interessante, aber auch sehr skurrile Sammlung hat man sich bemüht, mit Licht- und Soundeffekten eine möglichst authentische Rumpelkammeratmosphäre zu erzeugen, und so begegnet einem im schummrigen Licht auch die eine oder andere leicht gespenstige Überraschung. Auch Krimis, die den Gefangenen, die bis 1979 in den Zellen des Gefängnisses im Kellergewölbe des Schlosses ihre Strafen absassen, als Lektüre dienten, kann man hier entdecken - und im Anschluss natürlich auch das im ursprünglichen Zustand belassene Gefängnis im Soutterrain besuchen.

Eine der ehemaligen Zellen ist inzwischen ein Escape-Room, in dem man mit Freunden nachspielen kann, wie es sich anfühlt, am Boden einer Zelle aufzuwachen, nachdem man in der Nacht zuvor offensichtlich im Absinth-Wahn eine grausame Tat verübt hat. Eine Stunde haben die Spieler Zeit, durch geschicktes Kombinieren und gemeinsam entwickelte Strategien dieses Verbrechen, das an eine wahre Geschichte angelehnt ist, aufzuklären, sich vor Gericht zu verteidigen und dem Fluchtraum wieder zu entkommen. Am Ende ist man vermutlich froh, wieder an der frischen Luft zu sein und wird auf der Schlossterrasse mit einem fantastischen Blick über den See belohnt.

Adresse Château de Nyon, Place du Château, 1260 Nyon | **ÖV** CGN, Anlegestelle Nyon und zu Fuss 10 Minuten bis hinauf zum Schloss (am Parkhaus in der unteren Altstadt gibt es auch einen Aufzug) oder mit dem Zug zum Bahnhof Nyon und zu Fuss 10 Minuten durch den oberen Teil der Altstadt | **Öffnungszeiten** Nov.–März Di–So 14–17 Uhr, April–Okt. Di–So 10–17 Uhr, Anmeldungen für den Escape-Room auf www.chateaudenyon.ch | **Tipp** Zwölf Monate gilt das Kombiticket für das Schloss Nyon, das Genfersee-Museum und das Römische Museum, und alle drei lohnen unbedingt einen Besuch. Dieses Ticket kann man beim Eintritt in eines der drei Museen an der Kasse erwerben.

7 Das Feuerwehrmuseum

Donnerkiel und heulende Höllenhunde

Mit Tatütata rast der rote Willys Jeep, ein Feuerwehrauto Baujahr 1953, durch das 1956 veröffentlichte Comic von Hergé, in dem Tim und Struppi zusammen mit dem ewig fluchenden und tollpatschigen Kapitän Haddock versuchen, den «Fall Bienlein» zu lösen.

In der Nachkriegszeit wird der Belgier Hergé von wiederkehrenden Albträumen heimgesucht, in denen ihn riesige weisse Flächen bedrohen, sodass er in der Schweiz bei einem Psychoanalytiker Hilfe sucht. In dieser Zeit logiert er bei Freunden in der Nähe von Nyon. Es ist das erste Mal, dass der Comiczeichner reale Schauplätze erkundet und sie zum Teil vor Ort zeichnet. Als er bei einem Besuch in Nyon das rote Feuerwehrauto durch die Strassen fahren sieht, bittet er einen Freund, ein Foto davon zu machen, das ihm als Vorlage für seine spätere Zeichnungen dienen wird.

Faksimiles des Fotos und der ersten Skizzen Hergés bis hin zum druckfertigen Layout der Seite 29 aus dem Band «Der Fall Bienlein» lassen sich genau wie das Originalfeuerwehrauto in einem kleinen Museum gegenüber der Leitstelle der Feuerwehrkaserne bestaunen. Neben dem roten Jeep parken dort in einer Garage unter anderem eine Pferdekutsche mit einer 26 Meter langen Drehleiter von 1928, ein Mannschaftsbus Berna L4U mit Leiter von 1942 und eines der vier 1989 gebauten Exemplare des Florian Wiesbaden 01/39.

Seit dem Jahr 2000 gibt es auch einen Showroom über der Garage, der von einem Verein pensionierter Mitglieder der Freiwilligen Feuerwehr liebevoll eingerichtet wurde, in dem ausser den «Tim und Struppi»-Raritäten vor allem historisches Feuerwehrequipment und alte Uniformen ausgestellt werden. Hergé-Fans können sogar das kleine rote Feuerwehrauto für Hochzeitsfahrten mieten. Interessierte Besucher müssen sich telefonisch anmelden, aber sofern nicht gerade alle Feuerwehrleute im Einsatz sind, führt man sie stolz durch die beachtliche und einzigartige Sammlung.

Adresse Feuerwehrkaserne Service du Feu de Nyon, Route de Champ-Colin 4, 1260 Nyon | ÖV vom Bahnhof Nyon mit dem Bus 810 bis Haltestelle Terre-Bonne sud | Öffnungszeiten Voranmeldung unter Tel. +41/22/3651818 | Tipp «Tim und Struppi»-Fans können noch mehr reale Orte in Nyon entdecken, die im «Fall Bienlein» eine Rolle spielen. Im Tourismusbüro gibt es einen Stadtplan, in dem die Stationen der Comichelden mit entsprechenden Erläuterungen eingezeichnet sind. Adresse: Office du Tourisme, Avenue Viollier 8, 1260 Nyon.

8 La Barcarolle

Der Wellenschlag als Metronom

Ursprünglich ein venezianisches Gondellied, ahmt der Takt der Barkarole die wiegenden Bewegungen einer schaukelnden Gondel auf den Kanälen in Venedig nach – ein passender Name also, den der Schweizer Psychiater Oscar Forel 1930 für das nach seinen Plänen gebaute Hauptgebäude seiner psychiatrischen Klinik wählt.

Als der 1891 in Zürich geborene Forel während seiner Promotionszeit in Bern Sigmund Freud kennenlernt, möchte er die psychiatrische Wissenschaft revolutionieren. Zunächst als Chefarzt in Nyon tätig, erwirbt er aus eigenen Mitteln mehrere Grundstücke im benachbarten Prangins und eröffnet dort eine so innovative psychiatrische Klinik, dass diese schnell eine Reihe prominenter Persönlichkeiten aus aller Welt anzieht. Forel sperrt seine Patienten nicht mehr hinter hohen Mauern weg, vielmehr weist er seinen Architekten Louis Hessenmüller an, neben dem neuen Hauptgebäude «La Barcarolle» zehn weitere Gebäude zu renovieren beziehungsweise zu bauen, sodass sich seine Klinik wie ein Dorf bis nach Promenthoux ans Seeufer erstreckt. Als Humanist schafft er für seine Patienten eine helle, freundliche Umgebung, glaubt an die heilende Wirkung der Natur, gestaltet Wohngruppen und gründet Werkstätten, die eine sinnvolle Beschäftigung mit therapeutischem Anspruch gewährleisten sollen. Doch als im Zweiten Weltkrieg der Nachschub an Medikamenten aus Frankreich knapp wird, erwirbt er sich den Spitznamen «Monsieur Elektroschock» und ist lange Zeit vom angeblichen Heilerfolg dieser Behandlungsmethode überzeugt. Er gehört jedoch auch zu den Ersten, die die Diagnose Schizophrenie in den Mund nehmen, unter anderem für Zelda, die Frau des berühmten amerikanischen Schriftstellers F. Scott Fitzgerald, der wiederum 1934 die Klinik in seinem Roman «Zärtlich ist die Nacht» beschreibt.

Seit 1968 ist die Klinikleitung unter dem Namen «Hôpital de Prangins» dem Kanton Waadt unterstellt.

Adresse Hôpital de Prangins (Département de psychiatrie), Chemin Oscar Forel 3, 1197 Prangins | ÖV von Nyon Bus 811 bis Haltestelle Prangins, Hôpital | Öffnungszeiten nur von aussen zu besichtigen | Tipp Das wie das Klinikgelände zum Baronat des Louis Guiguer gehörende Schloss Prangins, das das Schweizerische Nationalmuseum beherbergt, ist nur einen Katzensprung entfernt. Adresse: Avenue Général Guiguer 3, 1197 Prangins.

9 Promenthoux

Wie vom Strand aus die «Glorreiche Rückkehr» glückte

Von dem kleinen Dorf, das im 13. Jahrhundert durch eine Adelsfamilie seinen Namen erhielt, sind nur noch ein paar verstreute Häuser übrig und eine riesige Villa, die sich der englische Modeschöpfer Charles Frederick Worth 1896 von einem Pariser Stararchitekten teilweise in den See hineinbauen liess. Bis heute verfügt die «Villa Les Bleuets» über den grössten Seezugang am Schweizer Ufer, ist aber leider nur vom Wasser aus zu bewundern. Gleich nebenan sind See und Ufer jedoch öffentlich zugänglich – das Strandbad mit der breiten Treppe hinab ins Wasser, einer Snackbar und grossen Liegewiesen ist ein Geheimtipp.

Ein wenig unscheinbar ragt zwischen Liegewiese und Strasse ein Monolith empor, der als Erinnerung an die «Glorreiche Rückkehr» der italienischen Protestanten in ihre Heimat von deren Nachfahren errichtet wurde. Als Hugenotten verunglimpft, weil französische Zungen das Wort «Eidgenossen» nicht aussprechen konnten, flohen sie 1685 zu Tausenden vor der von König Ludwig XIV. verhängten Aufhebung der Religionsfreiheit in die Schweiz. Hier brachten sie unter anderem die Uhrmacherei in Schwung und liessen schnell das damals nur 16.000 Einwohner zählende Genf aus allen Nähten platzen. Am 16. August 1689 versammeln sich daher etwa 950 rückkehrwillige italienische Protestanten heimlich am Strand von Promenthoux, um bei Nacht und Nebel den hier nur vier Kilometer breiten See in dafür angemieteten oder beschlagnahmten Booten zu überqueren. Die Angst, entdeckt zu werden oder bei Ankunft am Südufer von den Savoyer Autoritäten übermannt zu werden, ist gross und durchaus berechtigt, denn die Berner Obrigkeit bekommt tatsächlich von den Fluchtplänen Wind und warnt den französischen Gesandten in Genf. Der geht jedoch von einem Fehlalarm aus und mobilisiert seine Truppen viel zu spät. Happy End für die Exilanten, die so unbeschadet zu Fuss weiter ins heimatliche Piemont zurückkehren.

Adresse Strandbad Promenthoux, Route de Promenthoux 100, 1197 Prangins | ÖV von Nyon mit Bus 811 bis Haltestelle Prangins – Les Abériaux und zu Fuss circa 20 Minuten bis Promenthoux | Öffnungszeiten täglich 9–23 Uhr | Tipp Promenthoux ist eine Station auf dem historischen Lehrpfad «Sur les terres du Baron Guiguer», der am Schloss Prangins beginnt.

10 Die Villa Rose

Rosa als perfekte Tarnfarbe

Die rosafarbene Villa mit den grünen Fensterläden in unmittelbarer Nähe eines Golfplatzes und mit Blick auf den Genfersee wirkt grosszügig, einladend und sehr friedlich. Doch der Schein trügt. In Wahrheit ist das Gebäude, vor dem weithin sichtbar die Schweizer Fahne weht, ein 1939 errichteter Infanteriebunker mit einer 2,5 Meter dicken Fassade aus Stahlbeton und damit Teil der «Verteidigungslinie der Promenthouse», um eine Invasion aus dem Westen aufzuhalten. Die Fenster mit den gestreiften Gardinen sind nur aufgemalt, die Schiessscharten gut getarnt. Das Ziegeldach mit dem Obergeschoss diente ebenfalls der Tarnung, der Keller mit dem 2,5 Meter dicken Stahlbetonfundament als Bunker, inklusive Vorratskammer mit Notverpflegung für etwa eine Woche und Schlafplätzen für 20 Soldaten.

Vom Erdgeschoss aus wurde die Umgebung beobachtet, um gegebenenfalls von dort mit Maschinengewehren und Infanteriekanonen auf Feinde zu zielen. Ausserdem zeugt eine Funkstation davon, dass man Kontakt zu den anderen 17 befestigten Bunkern der Verteidigungslinie halten konnte, vor allem zur Grünen Villa, einem Bunker gleichen Baustils ganz in der Nähe. Die nahe gelegene Brücke über den Promenthouse-Fluss war vermint und hätte durch das Betätigen eines grossen roten Hebels im Erdgeschoss gesprengt werden können, um die einzige direkte Verbindung beziehungsweise wichtige Einfallachse von Genf Richtung Mittelland zu zerstören.

Im Keller stehen immer noch der mit Diesel betriebene Stromgenerator, eine Filteranlage für das in Zisternen gesammelte Regenwasser und eine Pumpe, mit der frische Luft von aussen in die drei Etagen gepumpt wurde – mit anderen Worten, die Rosa Villa ist seit der Auflösung der Grenzbrigade 1 ein gar nicht mehr geheimes Museum, in dem die Zeit seit 1940 stehen geblieben scheint. Einzig das Dachgeschoss wurde zu einer Art Soldatenstube umgebaut, die man für Feiern, Seminare oder Arbeitstreffen mieten kann.

Adresse Fortification Villa Rose, Route Suisse (neben dem Golfclub Impérial), 1196 Gland | ÖV Bus 811 bis Haltestelle Domaine Impérial | Öffnungszeiten Besuche und Führungen nur nach Anmeldung unter www.toblerones.ch oder unter Tel. +41/79/2851900 | Tipp Der Toblerone-Weg — mit Panzerhindernissen, die an die Form der bekannten Schweizer Schokolade erinnern – ist ein historisch interessanter, zehn Kilometer langer Wanderweg von La Duvanche im Jura bis nach Nyon am Genfersee, der an der Verteidigungslinie und an der Villa entlang durch wunderschöne Natur führt. (Wegbeschreibung unter www.toblerones.ch, der Weg ist gut ausgeschildert und mit gelben Rhomben gekennzeichnet.)

11 Au Cœur de la Côte

Ein historisches Käsegericht für hungrige Krieger

Wer Käsefondue und Raclette in der Schweiz zu schätzen gelernt hat, sollte unbedingt eine weitere Käsespezialität probieren, die an der Côte – einem der wichtigen Weinbaugebiete – nahe Genf erfunden wurde und vielleicht nirgends so traditionell zubereitet wird wie im Restaurant Au Coeur de la Côte, das jährlich gut 30.000 dieser speziellen frittierten Käsebällchen serviert.

1853 belagert Napoleon mit seinen Truppen, die trotz eines Verbots von Schweizer Söldnern – sogenannten Reisläufern (vom mittelhochdeutschen Wort «Reise» für kriegerischer Auszug) – unterstützt werden, die Stadt Sewastopol auf der Krim, um das Fort Malakow zu erobern. Seitdem gibt es in Frankreich eine Malakofftorte und in der Schweiz einen frittierten Käse namens Malakoff, denn angeblich buk eine findige Köchin für die hungrigen Heimkehrer Käsereste in Schweineschmalz aus. Sie taufte das Gericht kurzerhand Malakoff, in Erinnerung an die heroische Schlacht und zu Ehren der für diesen Feldzug von den Franzosen zwangsverpflichteten Schweizer Soldaten, die nach Kriegsende im Jahr 1855 zu Hunderten hungrig in die Heimat zurückkehrten.

Offiziell serviert man im Cœur de la Côte seit 1896 diese speziellen Käsebeignets, für die eine feste Käsemasse auf kleine runde Toastbrotscheiben so gestrichen wird, dass eine Halbkugel entsteht. Die Halbkugeln werden schwimmend in Öl frittiert und anschliessend sofort heiss serviert. Auf den Papiertischdecken notiert die Wirtin, wie viele der Malakoffs pro Tisch gegessen werden, und reicht dazu gerne einen Weisswein der Region, der hier überwiegend aus Chasselas-Trauben gekeltert wird. An guten Tagen werden in dem hübschen, mit hellem Holz getäfelten Speiseraum, im kleinen Schankraum nebenan und auf der Terrasse mit Seeblick bis zu 500 Malakoffs verspeist, aber natürlich hält die Speisekarte noch weitere, grösstenteils regionale Verlockungen parat.

Adresse Au Cœur de la Côte, Route de Vignoble 12, 1184 Vinzel | ÖV vom Bahnhof Rolle, Gard Nord mit dem Bus 835 bis Haltestelle Vinzel Village schräg gegenüber des Restaurants | Öffnungszeiten Mi–So 12–22 Uhr, www.malakoffvinzel.ch | Tipp Appetitanregend ist eine kleine Wanderung entlang der «Route du Vignoble» – der Weinstrasse, die sich durch «La Côte» zieht. Die drei Dörfer Bursins, Vinzel und Luins liegen beispielsweise nur einen Fussmarsch von je 20 Minuten auseinander.

12 Die Eisgrotte

Eiskalte Fakten

Oberhalb der kleinen Gemeinde Saint-George befindet sich in einer 22 Meter tiefen und nur zum Teil zugänglichen Höhle einer der wohl berühmtesten Gletscher des Jura-Gebirges. Folgt man dem gut ausgeschilderten Waldweg von Saint-George nach Pré de Rolle, entdeckt man auf 1.290 Meter Höhe eine umzäunte Erdspalte und kann dort über Treppenstufen und zwei solide Holzleitern in eine gut 20 Meter lange und zwölf Meter breite Höhle zum ewigen Eis hinabsteigen.

Warum sich dort unten Eis bei einer Umgebungstemperatur von über null Grad bildet?

Ab 1797 bis vor gut hundert Jahren schlug man hier Eisblöcke heraus und fuhr sie nachts mit Pferdegespannen nach Lausanne zu zahlreichen Brauereien, Restaurants, Krankenhäusern, Destillen und reichen Privatiers, die sie für ihre Kühlräume kauften. Dank der bei der Eisschmelze entstehenden Umwandlungswärme wurde die Lufttemperatur innerhalb der Räume stark heruntergekühlt. Und genau so scheint auch der unterirdische Gletscher entstanden zu sein. Im Winter füllt Schnee die Erdspalten, der sich genau wie das im Frühjahr eindringende Wasser dank der eingeschlossenen kalten Luft und der umgebenden Felsen, die eine dicke Isolationsschicht bilden, zu Eis verwandelt – ein Phänomen, das auch als Kaltluftfalle bezeichnet wird. Durch das gefrierende Wasser entstehen eisige Stalagmiten und Stalaktiten in der Kalksteinhöhle, die nicht nur wunderschön anzusehen sind, sondern auch, wenn sie abbrechen, die Eisschicht erhöhen. Im 17. Jahrhundert muss die Eisschicht noch gut 15 Meter dicker gewesen sein. Dank der Erderwärmung und der Abholzung des Waldes dringen heute Sonnenstrahlen bis in die Felsspalten vor und lassen das Eis mittlerweile rapide schmelzen, und tatsächlich bringt auch jeder Besucher aufgrund seiner Energie ein wenig Eis zum Schmelzen. Zwischen Mitte Mai und Mitte November darf man auf eigene Gefahr zu dem Gletscher hinabsteigen.

Adresse Glacière de Saint-George, 1188 Saint-George | Anfahrt das Auto am besten auf dem Parkplatz des Skilifts Lally (Chemin Tattes à la Lune) abstellen und von dort etwa eine Stunde dem ausgeschilderten Weg links neben dem Parkplatzeingang folgen; alternativ bis zum Parkplatz 1188 Gimel fahren und über den Col du Marchairuz knapp 40 Minuten zum Gletscher wandern | Tipp Wenn Wald, dann richtig: Im SB Nature Parc direkt neben dem Parkplatz des Skilifts gibt es Seilabfahrten, Kletterwände, Hochseilpfade und noch viel mehr in verschiedenen Schwierigkeitsgraden. Adresse: Chemin du Teleski 5, 1188 Saint-George, Eintrittspreise und Öffnungszeiten unter: www.sbsport.ch.

13 Die Insel «de La Harpe»

Eine Badeinsel mit Geschichte

Die 110 Meter lange Insel vor Rolle wurde 1835 künstlich aufgeschüttet und ist damit eine von sieben kleinen Inseln im See, die fast alle von Menschenhand erschaffen wurden. 80 Meter vom Ufer entfernt, sollte die von Kaufleuten aus der Region finanzierte Insel den Hafen vor Wellenschlag und damit vor Erosion schützen, da dieser eine wichtige Rolle für den Holztransport aus dem Jura nach Genf spielte. Da während des Baus der aus Rolle stammende Politiker und Jurist Frédéric de la Harpe verstarb, wurde die Insel nach ihm benannt. Zugleich gründete man ein Komitee für die Errichtung eines Denkmals zu Ehren von La Harpe, der 1798 massgeblich daran beteiligt war, die Unabhängigkeit des Waadtlandes von der Berner Vorherrschaft zu erwirken. Kurz darauf versuchte er sich in der Helvetischen Regierung per Staatsstreich diktatorische Vollmachten zu verschaffen und musste, als dieses misslang, ausser Landes fliehen. 1814 sorgte er mit Hilfe des Zar Alexander I., als dessen Erzieher und Französischlehrer er 1784 von Zarin Katharina II. am Hofe in Sankt Petersburg engagiert worden war, dafür, dass Bern nicht wieder an die Macht kam und die Schweiz nicht aufgeteilt wurde.

Als La Harpe 1838 hoch betagt in Lausanne stirbt, wird eine nationale Sammlung ausgeschrieben und 1844 dank des eingenommenen Geldes zu seinem Gedenken ein 13 Meter hoher, mit Medaillons geschmückter Obelisk auf der Insel aufgestellt, auf dem das Zitat des Zaren «Alles, was ich bin, verdanke ich einem Schweizer» an die ungewöhnliche Freundschaft erinnert.

Die Tourismusbehörde erlaubt, die unbewohnte Insel, deren Baumbestand nachts wunderschön und geheimnisvoll angestrahlt wird, «kostenlos mit eigenen Mitteln zu erreichen». Wer also Lust hat, die Insel zu besuchen, muss dies schwimmend, mit einem Tretboot oder einem anderen seetauglichen Gefährt tun. Im Sommer ist sie jedenfalls eine beliebte Badeinsel.

Adresse 80 Meter vor dem Hafen von 1180 Rolle im See | **ÖV** CGN, Anlegestelle Rolle | **Tipp** Im Englischen Garten von Rolle steht eine ebenfalls grosse und sehr eigenwillige Skulptur des amerikanischen Künstlers Jedd Novatt. «Chaos DCC» wurde Rolle zum 700-jährigen Stadtjubiläum geschenkt.

14 Das Château Rochefort

Weintourismus mit Schlossambiente

Ausgeschildert ist hier zwar nur das imposante Schloss Allaman, in dem angeblich der Geist der 1731 auf mysteriöse Weise verstorbenen Marquise von Allaman herumspukt, doch das steht gerade leer, weil sich der letzte Besitzer mit den Kosten für die Renovierung übernommen hat. Gleich dahinter befindet sich jedoch zum See hin das etwas kleinere Schloss Rochefort mit den hübschen rot-weissen Fensterläden, dem mit Kies bedeckten Innenhof und dem grossen, zum See hin offenen Garten. 1340 legten hier Savoyer Fürsten den Grundstein, bevor die Lehensherren Rochefort das Schloss gut 100 Jahre später übernahmen. Als 1838 die letzte Nachfolgerin des Geschlechts der Rochefort kinderlos stirbt, spekuliert die kleine Gemeinde Allaman auf das Schloss und die dazugehörigen Weinberge, doch Anne-Louise-Georgette Recordon vermacht ihren Besitz überraschenderweise der Stadt Lausanne, der die Domäne bis heute gehört.

2016 entdeckt der Berner Metallbauer und Schreiner Michel Gfeller das Lausanner Schloss Rochefort und sattelt spontan auf Weinbau und Weintourismus um. Seine Frau, studierte Önologin und bereits berufsbedingt Expertin für die fünf Weinanbaugebiete der Stadt Lausanne, unterstützt Gfeller in Sachen Weinherstellung und Vermarktung der neuen Sélection L (für Lausanne) und der «historischen» Lausanner Weine mit den vom Schweizer Künstler Frédéric Rouge entworfenen Etiketten. Gekeltert wird der Rochefort-Wein mittlerweile in Mont-sur-Rolle, daher kann man den alten Weinkeller, einen weiteren kleinen Saal, die neue Weinbar und den Garten für private Feiern mieten, anschliessend in den wunderschön renovierten Gästezimmern des Schlosses übernachten oder sich in der Vinothek zur Weinprobe einfinden und dort die Weine des Châteaus und der Umgebung verkosten und erstehen. Die Marquise wäre vermutlich neidisch auf das bunte Treiben im Nachbarschloss, hatte sie doch selbst bis zu ihrem Tod rauschende Feste gefeiert.

Adresse Château Rochefort, Place de l'Église 1, 1165 Allaman, www.chateau-rochefort.ch | ÖV mit dem Zug RE, S 3, S 4 oder mit dem Bus 724, 725 bis zum Bahnhof Allaman | Öffnungszeiten Weinbar Di–Fr 14–21 Uhr, Sa 10–21 Uhr | Tipp Wer mehr über die Weine des Schlosses erfahren möchte, kann sich unter fachkundiger Leitung in einem kleinen roten Tuk-Tuk durch die Weinberge zwischen Allaman und Mont-sur-Rolle fahren lassen und unterwegs verschiedene Weine degustieren.

15 Das Arboretum

Den Wald vor lauter Bäumen sehen

Seit 1968 erstreckt sich im Tal der Aubonne auf beinahe 200 Hektar ein riesiger Waldpark, in dem mehr als 4.000 Arten und Varietäten von Gehölzen aus allen gemässigten Klimazonen der Welt zu wissenschaftlichen Zwecken kultiviert werden. Gleichzeitig können Besucher diese riesige Wald- und Wiesenlandschaft auf neun verschiedenen und unterschiedlich langen Wanderwegen erkunden. Der längste, 9,5 Kilometer lange «Waldbau-Pfad» ist quasi ein Rundweg durch das gesamte Gelände. Er führt an der wilden Aubonne entlang, die weiter unten bei Allaman im See mündet, an einem kleinen See vorbei und natürlich durch die unterschiedlichsten Waldzonen.

Es gibt ausgeschilderte Picknickplätze und sogar Feuerstellen, und vor allem gibt es viele didaktische Tafeln zu besonderen Bäumen, Pflanzen, Tieren und dem Leben im Wald. Wunderschön ist der zwei Kilometer lange Pfad durch einen japanischen Wald, der sich auf den ersten Blick gar nicht so sehr von unseren Wäldern unterscheidet, bis man plötzlich der unterschiedlichen Laubfärbung gewahr wird, des Bambus oder der japanischen Hamamelis, die im Winter blüht.

Seit 1975 unterhält das Arboretum drei Obstgärten beziehungsweise grosse Streuobstwiesen, um alte, lokale Obstsorten vor dem Aussterben zu bewahren und wieder zu vermehren. Die Obstgärten liegen relativ weit auseinander, dafür kann man hier im Juni der Kirschernte, im August der Pflaumenernte und im Oktober der Apfel- und Birnenernte beiwohnen. Waldliebhaber können sich zudem stundenlang mit nur einer Spezies beschäftigen, denn über 100 verschiedene Eichen und Zedern stehen hier beisammen, genau wie eine Vielzahl verschiedener Birken, Fichten und Zypressengewächse und sogar über 200 verschiedene Hagebuttenarten. Und wer es ganz genau wissen will, kann sich den kostenlosen taxonomischen Pflanzenkatalog herunterladen, in dem natürlich auch die genauen Standorte vermerkt sind.

Adresse Arboretum, Chemin de Plan 92, 1170 Aubonne, www.arboretum.ch | **ÖV** vom Bahnhof Allaman mit dem Postbus nach Aubonne oder Montherod-Battoir und von dort 1,7 Kilometer zu Fuss | **Anfahrt** rund um das Gelände gibt es 5 grosse Parkplätze, es wird um eine Spende pro erwachsene Person gebeten | **Öffnungszeiten** ganzjährig | **Tipp** Im Herzen des Parks gibt es ein Informationszentrum, einen Kiosk und ein Waldmuseum, das über die Geschichte der Holzwirtschaft und über Waldberufe informiert.

16 Die Käserei Montricher

Ein Käse, wie er im Buche steht

Obwohl der vielleicht bekannteste und 1115 zum ersten Mal urkundlich erwähnte Schweizer Käse Gruyère beziehungsweise Greyerzer mit dem AOP-Siegel der geschützten Ursprungsbezeichnung versehen ist, darf er ausserhalb der Region Gruyère im Kanton Freiburg auch im Waadtland, in Neuenburg und im Jura hergestellt werden, was mit der regen Innerschweizer Migration im 18. und 19. Jahrhundert zusammenhängt. Tatsächlich aber hat man sich schon viel früher bemüht, den Namen und die Herkunft durch Stempel zu schützen und Gruyère als Bezeichnung für einen Käse 1762 ins französische Wörterbuch aufnehmen zu lassen.

Die Fromagerie Gourmande im kleinen Bauerndorf Montricher am Fuss des Juras gehört seit 2015 zu den gut 160 Schweizer Käsereien, die den Hartkäse aus Kuhmilch traditionell produzieren und gemäss des AOP-Pflichtenhefts reifen lassen. Dank der verglasten Schaukäserei kann man hier dem Chef Ètienne Aebischer und seinen Mitarbeitern dabei sogar über die Schulter gucken. Und man darf einen Blick in den Reifekeller werfen, in dem etwa 3.000 Käselaibe lagern. Fünf Monate muss ein Gruyére mindestens reifen und wird dann als «mild» bezeichnet. Weitere gängige Reifestufen sind «halb-reif» (sieben bis acht Monate) «reif» (neun bis zehn Monate) und «extrareif» (mindestens 15 Monate) – wobei diese Montricher-Käse die letzten Monate sogar in einer Höhle in Moudon reifen, was sie geschmacklich zusätzlich veredelt. Die Produktion der täglich etwa 48 Käselaibe beginnt im Morgengrauen, wenn die erste Milch unmittelbar nach dem Melken von der Milchgenossenschaft angeliefert wird. Daher kann man im angeschlossenen Verkaufsladen ausser Gruyère und anderen Käsespezialitäten auch Milchprodukte wie Joghurt und Butter kaufen.

2020 ist Aebischers Gruyère, von dem er jährlich 445 Tonnen produziert, nach einer Blindverkostung vom Kantonsrat sogar zum Käse des Jahres gekürt worden.

Adresse La Fromagerie Gourmande Sàrl, Chemin des Rippes 11, 1147 Montricher | ÖV Bus 742 nach Montricher, Petit Faubourg | Anfahrt von Morges Schildern Richtung Pampigny und von dort weiter Schildern Richtung Montricher folgen | Öffnungszeiten Mo–Sa 9–12 und 14–18.30 Uhr, So 16–18.30 Uhr, www.lafromageriegourmande.ch | Tipp Wer vom Zuschauen bei der Käseherstellung Appetit bekommen hat, findet im schlichten und modern gehaltenen Restaurant über der Käserei eine kleine Auswahl leckerer Käse- und anderer Gerichte, die aus regionalen Zutaten zubereitet werden.

17 Die Stiftung Jan Michalski

Eine Traumkulisse für die Literatur

Zwei Jahre nach dem Tod ihres Ehemannes, dem polnischen Schriftsteller und Verleger Jan Michalski, gründet Vera Michalski-Hoffmann 2004 eine Stiftung, um die Erinnerung an ihn und sein literarisches Wirken wachzuhalten. Montricher ist bereits seit 1986 der Sitz ihres gemeinsamen Verlags Les Editions Noir sur Blanc, der osteuropäische Literatur in französischer Übersetzung veröffentlicht und parallel grosse europäische Autoren ins Polnische übersetzen lässt. Und dieser malerische kleine Ort am Fusse des Jura mit Blick über den Genfersee – ein ehemaliges Ferienlager für Jugendliche – scheint tatsächlich wie geschaffen für eine Bibliothek, Ausstellungen, einen literarischen Diskurs und die Förderung von Autoren, denen hier Raum und Zeit, aber vor allem auch die Möglichkeit zum Gespräch mit Kollegen gegeben wird.

Mit dem Bau des Kulturzentrums «Haus des Schreibens» wird das Architekturbüro Mangeat-Wahlen aus dem nahen Nyon beauftragt.

Unter dem alles überspannenden, durchlöcherten, 4.500 Quadratmeter grossen Dach, das Baumkronen eines Waldes imitieren soll, hängen Baumhäusern nachempfundene kleine Wohnungen für Schriftsteller und Stipendiaten, die hier ideale Bedingungen zum Schreiben vorfinden. Direkt daneben ist das eigentliche Zentrum mit Empfang, gemeinsamem Speisesaal, variablem Auditorium, Büros und einer grossen Bibliothek, deren fünf Stockwerke aus massivem Eichenholz in einem zwölf Meter hohen Mantel aus Sichtbeton stecken. Die öffentlich zugängliche Bibliothek umfasst gut 80.000 vornehmlich zeitgenössische Werke der Weltliteratur, nach Sprachzonen aufgeteilt, wobei, soweit vorhanden, die jeweiligen französischen Übersetzungen den Originalausgaben beigeordnet werden. Alljährlich vergibt eine Jury den Michalski-Literaturpreis, um ein literarisches Werk unabhängig seiner Sprache zu würdigen.

Adresse Fondation Jan Michalski, En Bois Désert 10 (GPS: Route de Chardève 2), 1147 Montricher | Anfahrt von Morges Schildern Richtung Pampigny und von dort weiter Schildern Richtung Montricher folgen, dort die Chemin de Bois Désert wählen und den braunen Schildern «Fondation Jan Michalski» folgen | Öffnungszeiten Bibliothek Di – So 9 – 18 Uhr, Ausstellungssaal Di – So 14 – 18 Uhr | Tipp Im Ausstellungsraum finden pro Jahr ein bis zwei Ausstellungen mit dem Schwerpunkt Literatur als künstlerische Ausdrucksform statt.

18_Les Ateliers de la Côte

Kunstschaffenden über die Schulter schauen

Den elterlichen Betrieb «Les Fruits du Roi» in einen kreativen und kulturellen Treffpunkt zu verwandeln, davon hatten François Thury und seine Schwester Anne-Catherine Schneiter lange geträumt. Seit 2018 wird in dem loftähnlichen Gebäude mit den riesigen Fensterfronten kein Obst mehr vermarktet, dafür vermieten sie 94 kleine Ateliers, um auf einer Gesamtfläche von 4.000 Quadratmetern Kunstschaffenden und Kunstsuchenden einen dynamischen Austausch zu ermöglichen und den Mietern einen gemeinsamen Internetauftritt als Plattform zu bieten. Die Ateliers mit den grossen Glasvitrinen, schallisolierte Proberäume, Werkstätten und grössere Räume für Workshops liegen entlang langer Flure, die um zwei grosse, multifunktionale Säle, zum Beispiel für Theateraufführungen oder Konzerte, herumführen. Im Erdgeschoss gibt es ein Café und eine Galerie und auf den beiden oberen Etagen Sitzecken, denn der rege Austausch der Mieter untereinander und mit dem Publikum ist hier ausdrücklich erwünscht.

Die Ateliers sind an Künstler und Künstlerinnen und Kunsthandwerkerinnen der verschiedensten Sparten vermietet, die ihre Werke und Produkte in den Vitrinen ausstellen und direkt vermarkten. Werkstätten für Messerschmiede, Brennöfen für Ton und Porzellan, Nähmaschinen, Buchpressen und vieles mehr bieten Kunstschaffenden nicht nur vielfältige kreative Möglichkeiten, sondern werden auch gerne für Workshops genutzt. Für Kinder und Erwachsene gibt es hier Mal- und Nähkurse, Yoga-, Musik- und Tanzunterricht; es werden Theaterstücke und Zirkusakrobatik einstudiert, Vorträge gehalten, wer will, kann hier die Kunst des Graffiti-Sprayens oder des Siebdruckverfahrens lernen oder Praxen für Osteopathie, Aromatherapie, für Ernährungsberatung und für vieles mehr besuchen.

Es gibt auf jeden Fall eine Menge zu entdecken, aber vor allem ist hier ein inspirierender Ort der kreativen Begegnung entstanden.

Adresse Les Ateliers de la Côte, Route de Pallatex 5, 1163 Etoy | **ÖV** S-Bahn S3, S4 oder Bus 722, 724 bis Bahnhof Etoy und von dort 10 Minuten zu Fuss | **Öffnungszeiten** Mo–Fr 9–20 Uhr, Sa 9–17 Uhr, www.lesateliersdelacote.ch | **Tipp** Etoy liegt mitten in einem der wichtigsten Schweizer Obst- und Weinbaugebiete, weswegen sogar der Chiquita-Konzern hier seinen Hauptsitz hat. Im Weiler La Romanèche oberhalb Etoys stehen noch so viele schöne alte Winzer- und Bauernhäuser, dass ein kurzer Abstecher definitiv lohnt.

19_ Saint-Prex

Burgunder-Rotwein als Geschenk für ein Schweizer Dorf

Nicht nur seine Lage auf einer nahezu dreieckigen Halbinsel, die exakt auf halber Strecke zwischen Villeneuve und Genf in den See hineinragt, sondern auch der mittelalterliche Dorfkern machen Saint-Prex zu einem aussergewöhnlichen Ort. Das Domkapitel von Lausanne lässt hier 1234 ein befestigtes, mit einer Zugbrücke gesichertes Dorf errichten, das dennoch gut 100 Jahre später an die Grafen von Savoyen und rund 200 Jahre später an die Berner Vögte fällt und zu Beginn des 19. Jahrhunderts Morges und damit der Waadt zugeteilt wird. Die einstige Burg wird im 18. Jahrhundert zu einem geräumigen Schloss umgebaut, das man gerade käuflich erwerben kann, die Stadtmauerreste und der Glockenturm am Ortseingang stammen aus dem Mittelalter.

Im 19. Jahrhundert legt man auf der vor dem Wind geschützten Südseite des Dorfes ein Damenbad an, während sich die Männer auf der Nordseite im See waschen müssen. Heute bieten beide Strände eine attraktive Bademöglichkeit im See. Das Trinkwasser der Gemeinde entstammt kurioserweise dem Mont-Blanc-Massiv auf der anderen Seeseite. Das Wasser fliesst unter dem See entlang und steigt nahe des Dorfkerns wieder an die Oberfläche.

Dass hier darüber hinaus ein ganz besonderer Rotwein angebaut wird, ist Maria von Burgund zu verdanken, die 1420, nach der Vermählung mit Amadeus VIII., dem Herzog von Savoyen und Schlossherrn von Morges, in Saint-Prex Schutz vor der Pest sucht, um ihr neuntes Kind zu gebären. Aus Dankbarkeit schenkt sie der Gemeinde einige Weinstöcke der Servagnin-Rebe aus ihrer französischen Heimat, und so darf man sich hier stolz als ältestes Schweizer Anbaugebiet des Pinot Noir bezeichnen. Ein letzter dieser alten Rebstöcke wurde 1963 neben einem Hühnerstall in Saint-Prex gefunden, von dem Winzer Pierre-Alain Tardy vermehrt, erneut angebaut und zu einer lokalen Spezialität gemacht, mit der man sich nun wieder zuprosten kann.

Adresse Altstadt, 1162 Saint-Prex | ÖV CGN, Anlegestelle Saint-Prex, S-Bahn S3, S4 Bahnhof Saint-Prex und dann Bus 724 bis Haltestelle Place d'Armes | Tipp Den Dorfkern und sein historisches Erbe, nebst Glasmachermuseum, erkunden, den Fussweg am Seeufer entlangschlendern oder vom Sprungturm am Männerbad (Chauchy Beach) in den See springen und zum Abschluss ein Glas Servagnin trinken.

20 Denens

Die Welthauptstadt der Vogelscheuchen

Als Pierre de Buren 1989 nach Denens zurückkehrt, um das Weingut seiner Vorfahren zu übernehmen und damit gleichzeitig in der siebten Generation Schlossherr des Château de Denens zu werden, vermisst er in den umliegenden Feldern und Weinbergen die Vogelscheuchen, die ihn als Kind fasziniert hatten. Als er daraufhin beschliesst, sich für ihre Rettung einzusetzen, ist man in dem kleinen, etwa 900 Einwohner zählenden Dorf zunächst skeptisch, doch schliesslich organisiert de Buren mit seinen Winzerkollegen 1995 den ersten Vogelscheuchen-Wettbewerb und feiert die Preisvergabe mit einem grossen Fest. Der Erfolg ist überwältigend. De Buren gründet eine Vogelscheuchen-Gesellschaft, die seitdem in unregelmässigen Abständen das Vogelscheuchen-Fest veranstaltet, das mittlerweile Tausende Fans anlockt. Zusätzlich findet alle zwei Jahre eine Nacht der Vogelscheuchen statt, bei der manch eine Vogelscheuche gar zum Leben erwacht. Mittlerweile ist die Beteiligung am Wettbewerb so gross, dass die Jury in vier Kategorien Preise vergibt, unter anderen für die schönste von einer Schulklasse gestaltete Figur.

Dass Denens geradezu vogelscheuchenverrückt ist, merkt man sofort, denn egal von welcher Richtung man kommt, trifft man noch vor den ersten Häusern bereits auf mindestens eine Vogelscheuche, und wer offenen Auges durch den Ort und die umliegenden Felder spaziert, kann gleich eine ganze Liste machen und sich an ihrer künstlerischen Ausgestaltung und dem Erfindungsreichtum ihrer Erbauer erfreuen. Denn dass in Christian Morgensterns «Die Vogelscheuche» die Raben spotten: «Du bist ja nur ein blosser Stock, mit Stiefeln, Hosen, Hut und Rock», wollte man ganz offensichtlich in Denens nicht auf sich sitzen lassen. Die einzige Vorgabe der Gesellschaft: Die Vogelscheuchen dürfen nicht grösser als 2,5 Meter sein, ansonsten sind der Phantasie und der Wahl der Baumaterialien keinerlei Grenzen gesetzt.

Adresse Commune de Denens, Rue de la Cité 1, 1135 Denens | **ÖV** vom Bahnhof Morges mit Bus 726 bis Haltestelle Denens, Cigognes | **Tipp** Bei einer Weinverkostung auf dem Château de Denens kann man von Pierre de Buren erfahren, ob man tatsächlich alle Vogelscheuchen im Ort entdeckt hat. www.chateaudedenens.ch

21 Die Audrey-Hepburn-Büste

Rom, Paris, New York … Tolochenaz

Die grazile Schauspielerin mit den unschuldig blickenden Rehaugen, die 1953 in Hollywood mit «Ein Herz und eine Krone» ihren Durchbruch feiert und sich mit «Frühstück bei Tiffany» schon zu Lebzeiten ein Denkmal setzt, entwickelt am Genfersee zum ersten Mal in ihrem Leben so etwas wie ein Heimatgefühl. 30 Jahre, bis zu ihrem Tod im Jahr 1993, lebt sie in der kleinen Gemeinde Tolochenaz, die bis heute weniger als 2.000 Einwohner zählt. Ihr privates Paradies ist ein um 1700 gebautes Bauernhaus mit Blick auf den See, das sie «La Paisible» (die Friedvolle) tauft. Ihr Freund Hubert de Givenchy, der berühmte französische Modeschöpfer, schenkt ihr zum Haus einen Rosengarten. Dank ihm ist sie in Hollywood schon früh zur Stilikone avanciert, während es ihm wiederum dank seiner Muse Audrey gelingt, eine neue elegante, zeitlose und trotz ihrer Schlichtheit weibliche Silhouette zu kreieren, die in dem «kleinen Schwarzen» gipfelt, das Hepburn in «Frühstück bei Tiffany» trägt. Anlässlich einer Givenchy-Hepburn-Retrospektive schenkt er daher einem Museum in Morges 50 Originalskizzen der Kleider, in denen sein grösster Star Furore machte.

Haus und Garten sind Audreys Oase, ihr Versteck vor den Paparazzi, der Ort, an dem ihre beiden Söhne aufwachsen und von dem aus sie sich ab 1988 als UNICEF-Botschafterin engagiert. Hepburn liebt das Gärtnern, ihre Hunde am Seeufer auszuführen, aber auch, sich auf dem Wochenmarkt in Morges unter die Leute zu mischen. Kein Wunder also, dass sich auch ihre letzte Ruhestätte – ein schlichtes Grab mit einem steinernen Kreuz – auf dem Friedhof in Tolochenaz befindet und die kleine Gemeinde einen zentralen Platz nach ihr benannt hat. Hier steht seit 2012 eine Büste Hepburns, die ihre Söhne dem Dorf geschenkt haben. An ihrem ehemaligen, der Öffentlichkeit nicht zugänglichen Haus am Ortsrand erinnert eine Plakette an die Schauspielerin.

Adresse Place Audrey Hepburn, 1131 Tolochenaz | ÖV Bus 702 bis Haltestelle Place Audrey Hepburn oder von Morges in gut 30 Minuten zu Fuss am Seeufer entlang | Tipp In der Expo Fondation Bolle, dem Museum, das von Givenchy die Originalskizzen und einige Kleider erhielt, gibt es einen Raum, der ganz Audrey Hepburn gewidmet ist. Die Ausstellung dort wird alle sechs Monate erneuert. Adresse: Rue Louis-de-Savoie 73–75, 1110 Morges.

22 La Maison de la Rivière

Gegen den Strom schwimmen

Folgt man vom Museumsparkplatz dem Fluss Boiron de Morges in Richtung See, erfährt man auf den zahlreichen (leider nur auf Französisch gehaltenen) Schautafeln des Forellenpfades bereits allerlei Wissenswertes über das Habitat und das Migrationsverhalten der Forellen, die im Fluss geboren werden. Wegen des grösseren Nahrungsangebots leben sie bis zur Geschlechtsreife mit drei bis fünf Jahren im See, bevor sie anschließend zur Fortpflanzung wieder den Fluss hinaufwandern.

Das kleine, auf halber Strecke des Forellenpfads gelegene Museum und Kompetenzzentrum widmet sich hauptsächlich dem Ökosystem Fluss, auch wenn hier das U-Boot «F.A.Forel» ausgestellt wird, mit dem der Schweizer Ozeanograf Jacques Piccard von 1978 bis 2005 die Schweizer Seen erforschte (siehe Ort 5). Dem Museum ist eine Forschungsstation angegliedert, die sich dem Erhalt der Flusslandschaften und ihrer Artenvielfalt, aber auch einer verbesserten Umwelterziehung widmet. Es bietet neben verschiedenen Wechselausstellungen eine interaktive Ausstellung, die das Leben im und am Fluss darstellt und aufzeigt, wie sehr der Mensch im Laufe der Jahrhunderte in dieses fragile Ökosystem eingegriffen hat. Auf dem Aussengelände gibt es zwei didaktische Teiche, Fluss- und Seewasser-Aquarien und einen «gläsernen» Kanal, der erklärt, was die Kanalisierung für einen Fluss bedeutet und wie sie funktioniert.

Während Kinder durchaus mit Gummistiefeln ausgerüstet sein sollten, um das Leben im Wasser aktiv zu erkunden, können Jugendliche und Erwachsene ab 16 Jahren allabendlich in einem zweistündigen Escape Game im kuriosen Labor des Gründers der Limnologie, François-Alphonse Forel, versuchen, einen Taucher zu retten und auf dem Grund des Genfersees einen Schatz zu finden. Seit 1997 werden hier alle Forellen, die den Boiron wieder hinaufwandern, gezählt und markiert, um ihren Lebenslauf noch besser zu verstehen.

Adresse Maison de la rivière, Chemin du Boiron 2, 1131 Tolochenaz | **ÖV** Bus 702, 703 bis Haltestelle Tolochenaz, Les Saux und anschliessend 1,4 Kilometer zu Fuss dem ausgeschilderten Weg folgen | **Anfahrt** von Lausanne A1 Richtung Nyon, Ausfahrt 15 Richtung Tolochenaz fahren und der Nationalstraße 1 bis zum ausgeschilderten Parkplatz folgen | **Öffnungszeiten** April–Okt. Mi–Mo 10–18 Uhr, Nov.–März Mi, Sa, So 10–18 Uhr, Reservierung des Escape Game unter Tel. +41/21/5462020, www.maisondelariviere.ch | **Tipp** Forellenpfad, Patrimoine à fleur d'eau, Patrimoine rouge et blanc – drei didaktische Wanderpfade, 39 Schautafeln und eine Gesamtlänge von insgesamt 17 Kilometern rund um Tolochenaz, Morges und Saint-Prex.

23 Schloss Vufflens

Wie sich der Schlossherr die Nachbarn vom Hals hält

Stolz überragt das Schloss mit dem 60 Meter hohen Wehrturm das kleine Dorf, das praktischerweise Vufflens-le-Château heisst, weil es gar nicht umhin kann, sich mit dem imposanten Bau zu identifizieren. Zwischen 1420 und 1430 lässt Henri de Colombier, der als Vertrauensmann des Savoyer Grafen Amadeus VIII. selbst zu Ansehen und Macht gekommen ist und als Diplomat die Eingliederung des Piemont in den Savoyer Staat vorangetrieben hat, hier auf den Grundmauern einer mittelalterlichen Burg ein Schloss in italienischem Stil aus hellen Backsteinen errichten. Der kriegserfahrene Schlossherr will auf Nummer sicher gehen und lässt sich für seine Festung nicht lumpen, sondern den wuchtigen Donjon mit dem Verlies von vier niedrigeren Türmen umgeben, die durch einen Wehrgang miteinander verbunden sind. Um mögliche Angreifer in die Flucht zu schlagen, lässt er sogar Maschikulis, also Öffnungen für Wurfsteine und Pech, ins Mauerwerk einlassen.

Das vom Wehrturm durch einen Innenhof getrennte Wohngebäude ist ebenfalls von vier Türmen umgeben. Dennoch wird das Schloss gleich zweimal von Berner Truppen gebrandschatzt, aber das erlebt der Schlossherr nicht mehr, denn bereits vier Jahre nach der Fertigstellung ist er seines Eigenheims so überdrüssig, dass er 1434 seinen Reichtümern und seiner Frau entsagt, seinem Grafen als Eremit und Ordensbruder folgt und bis zum Tod 1437 einsam in einem Turm des Schlosses von Ripaille auf der anderen Seeseite bei Thonon lebt. Sein eigenes Grab hatte er sich da wohlweislich bereits 1425 nicht etwa geschaufelt, sondern mit eigenen Händen im Kloster Montheron oberhalb von Lausanne in Stein gehauen.

Nach dem Tod Henri de Colombiers und seiner Nachfahren wechselt das Schloss mehrfach den Besitzer und gelangt 1882 durch Heirat in den Besitz des berühmten Sprachwissenschaftlers Ferdinand de Saussure, dessen Nachkommen heute noch das Schloss bewohnen.

Adresse Chemin de la Balle 1, 1134 Vufflens-le-Château | ÖV vom Bahnhof Morges mit der Regionalbahn oder mit dem Bus 702, 728 bis Haltestelle Bahnhof Vufflens-le-Château | Öffnungszeiten nur von aussen, Innenhof ist frei zugänglich | Tipp Das nach dem Château Chillon angeblich zweitschönste Schloss des Waadtlandes kann zwar nicht von innen besichtigt werden, lässt sich aber auf einem 30-minütigen Spaziergang durch seine acht Hektar grossen Weinberge von allen Seiten bewundern.

24 Der Louis-Soutter-Platz

Ein Platz für den Künstler, dem seine Welt zu klein war

Der hübsche kleine Platz direkt an der Seeuferpromenade von Morges wirkt vor den stattlichen Mauern des Schlosses und umrahmt vom Parc de l'Indépendance zur einen und vom Yachthafen zur anderen Seite unverhältnismässig schlicht. Lediglich der Kiosk «La Coquette» hat um den Brunnen einige Bierzeltgarnituren und verstreut ein paar Sitzmöbel aufgestellt. Seine Speisekarte listet jedoch so leckere kleine lokale Spezialitäten auf, dass man dort gerne verweilt. In den Sommermonaten wird der Platz zur Bühne, denn «La Coquette» organisiert dort regelmässig kleine Gratiskonzerte, Theateraufführungen, Lesungen und andere kulturelle Events.

Dem 1871 in Morges geborenen Künstler Louis Soutter hätte das bunte Treiben auf dem Platz vermutlich gefallen, flanierte er doch gerne als Dandy umher und sorgte so in seiner hübsch geordneten Heimat für Aufsehen und Ärgernis. Musikalisch und künstlerisch hochbegabt, hätte Soutter als Geiger oder als Maler die Welt offenstehen müssen, doch der sensible und unstete Künstler zerbrach an den starren Gesellschaftsnormen seiner Zeit. Bis 1903 leitete er das Art Department des Colorado College in den USA, danach spielte er in den Symphonieorchestern von Genf und Lausanne virtuos Geige, bevor er wegen zunehmender Verwahrlosung und angeblicher Verhaltensauffälligkeiten von seiner Familie mit nur 52 Jahren entmündigt und in ein Altersheim in Ballaigues im Jura eingewiesen wurde. Hier starb er 1942 völlig vereinsamt. In der Abgeschiedenheit des Heims begann Soutter wieder zu zeichnen und zu malen – es ist, als ob die Kunst förmlich aus ihm herausbrach. Als das Augenlicht schwächer wurde, malte er mit den Fingern und Händen archaische, düstere Gesichter und Figuren, die ganz offensichtlich seine Innenwelt widerspiegeln. 1945 wird sein Werk von Jean Dubuffet als Art Brut entdeckt, was Louis Soutter posthum grosse internationale Anerkennung verschafft.

Adresse Place Louis-Soutter, 1110 Morges | ÖV vom Bahnhof in Morges knapp 10 Minuten zu Fuss oder mit dem Schiff, CGN-Anlegestelle Morges | Tipp Zahlreiche Werke Soutters befinden sich im kantonalen Kunstmuseum in Lausanne. Adresse: Place de la Gare 16, 1003 Lausanne (direkt neben dem Hauptbahnhof), Öffnungszeiten: Di, Mi, Fr–So 10–18 Uhr, Do 10–20 Uhr.

25 Die Pfahlbauten

Ein steinaltes Kulturerbe

Ein Ort, der viel Phantasie erfordert, denn er schlummert unter der Wasseroberfläche, und dennoch ist seine Bedeutung so gross, dass die UNESCO ihn zusammen mit etwa 1.000 weiteren Fundstellen von prähistorischen Pfahlbauten in den Alpen 2011 zum Weltkulturerbe erklärt. Will man sich ihm nähern, muss man der Seeuferpromenade von Morges-Zentrum etwa einen Kilometer in Richtung Préverenges bis zum Anleger des Hotel Fleur du Lac folgen und von dort über den See in Richtung der grossen Galeere blicken, die in der Bucht vor Anker liegt. Nur für Taucher sichtbar befinden sich hier etwa 80 Meter vom Ufer entfernt Pfahlstümpfe auf dem Seeboden, die den Archäologen Rückschlüsse auf die ersten «Häuslebauer» am Genfer See vor über 2.000 Jahren erlauben.

Entdeckt wurden die ersten dieser Siedlungsspuren 1854 von dem Schweizer Geologen Adolf von Morlot. Ausgerüstet mit einem primitiven Tauchhelm aus Zink, in den von einem Boot aus mit einer Feuerwehrpumpe Sauerstoff gepumpt wurde, unternahm er den weltweit ersten Tauchgang dieser Art im Genfersee, nachdem man ein Jahr zuvor bei extremem Niedrigwasser bereits im Zürichsee derartige Artefakte entdeckt hatte. Später wurden an vielen dieser Stätten auch Tonscherben, Faustkeile, Schmuck und Waffen gefunden, was darauf schliessen lässt, dass die Siedlungen, die damals am Ufer oder im seichten Wasser lagen, über mehrere Generationen von der Jungsteinzeit bis zum Ende der Bronzezeit bewohnt waren und hier ein fleissiges Kommen und Gehen herrschte.

Neben einer weiteren Fundstelle bei Morges befindet sich die grösste Pfahlbautenansammlung im Genfersee am gegenüberliegenden Ufer in Frankreich. Im Wasser vor Chens-sur-Leman ist die zwei bis drei Meter tiefe Fundstelle bei Tougues mit einer Reihe weisser Bojen markiert, damit sie nicht von Booten beschädigt wird; am Ufer gibt es jedoch hüben wie drüben keinen einzigen Hinweis darauf.

Adresse «Les Roseaux», Quai Igor-Stravinski, in Höhe der Hausnummer 64, 1110 Morges; der zweite Fundort «Station de Morges» befindet sich in entgegengesetzter Richtung vor dem Quai Igor-Stravinski, Quai Lochmann zwischen einem kleinen Hafen und dem Fährterminal der CGN | ÖV mit dem Schiff, CGN-Anlegestelle Morges, an der dem Ufer folgenden Rue de Lausanne gibt es zahlreiche Bushaltestellen der Linien 701 und 702, die einen in die Nähe der Fundstätten bringen | Tipp Am Neuenburgersee erfährt man im Laténium-Pfahlbau-Museum beziehungsweise im grössten archäologischen Museum der Schweiz viel Wissenswertes über diese Siedlungsform. Adresse: Laténium, Espace Paul Vouga, 2068 Hauterive, Neuchâtel, www.latenium.ch.

26 Die Mündung der Venoge

Ein Fluss für das Waadtland

Die Rhône entspringt zwar im Wallis und durchfliesst den Genfersee, aber nur um dann weiter durch Frankreich bis ins Mittelmeer zu fliessen. Der Rhein verlässt die Schweiz in Richtung Deutschland und Niederlande. Die Venoge jedoch gehört den Waadtländern ganz allein, und so ist das von Jean Villard Gilles 1954 verfasste Gedicht «La Venoge», in dem der einzig wirklich erwähnenswerte Fluss der Westschweiz liebevoll beschrieben wird, so etwas wie die heimliche Nationalhymne der Waadt geworden.

Die 36 Kilometer lange Venoge entspringt oberhalb der Gemeinde L'Isle auf 660 Meter Höhe und mündet bei Saint-Sulpice in den Genfersee. Man kann den Fluss von der Quelle bis zur Mündung in mehreren Etappen entlangwandern und kommt dabei durch hübsche kleine Orte, Weinberge, Kulturlandschaften, aber auch durch ursprüngliche Auenwälder, Schluchten und Naturschutzgebiete. Das Flussbett ist über weite Strecken naturbelassen und wurde nur bei l'Isle und zwischen den Ortschaften La Sarraz und Cossonay begradigt und in ein Kanalbett eingezwängt.

Letzteres liegt daran, dass man einst ehrgeizige Pläne für die Venoge hatte. Oberhalb von La Sarraz liegt die kleine Gemeinde Pompaples, die sich aufgrund ihrer Lage genau auf der Wasserscheide Mittelmeer–Nordsee auch «Mittelpunkt der Welt» nennt. Hier wurde im 16. Jahrhundert die Mühle «Moulin Bornu» gebaut und mit dem kanalisierten Wasser des Nozon-Flusses angetrieben. Unterhalb der Mühle teilt sich bis heute der Kanal. Ein Teil des Wassers fliesst zurück zum Nozon, der in den Rhein mündet, der andere Teil fliesst südwärts in die Venoge, die im 17. Jahrhundert ein Stück weit kanalisiert wurde, um die Rhône mit dem Rhein durch eine Wasserstrasse zu verbinden. Diese Verbindung wurde jedoch nie vollendet, und so fliesst die Venoge hinter Cossonay weiterhin sanft mäandernd und schliesslich mit einem vorgeschobenen Schwemmkegel in den See.

Adresse Chemin de la Venoge, 1025 Saint-Sulpice oder Parkplatz an der Chemin du Laviau | **ÖV** Bus 701 bis Haltestelle Denges, Pierraz-Mur und von dort etwa 10 Minuten zu Fuss | **Anfahrt** vom Parkplatz am Chemin du Laviau zu Fuss etwa 10 Minuten über den «Sentier aux Oiseaux» bis zur Flussmündung | **Tipp** Zwischen der Mündung der Venoge und Morges befindet sich das Vogelnaturschutzreservat von Préverenges. Ein Fussweg folgt direkt dem Seeufer. An dessen Strand, im Schilf und auf kleinen, vorgelagerten Inseln kann man viele, zum Teil seltene Wasservogelarten beobachten.

27 Das Art-Brut-Museum

Ein Hort für Kunst, die Rahmen sprengt

«Die echte Kunst ist stets dort, wo man sie nicht erwartet. Wo niemand an sie denkt noch ihren Namen nennt …» Der 1901 geborene französische Maler und Bildhauer Jean Dubuffet formuliert diesen Denkansatz nicht nur für seine eigene Suche nach künstlerischen Ausdrucksformen, sondern beginnt 1945, der etablierten Kunst überdrüssig, auf einer Reise in die Schweiz Werke von Psychiatriepatienten, Gefängnisinsassen und anderen gesellschaftlichen Nonkonformisten zu sammeln. Ihn fasziniert die «rohe» (brut), von Autodidakten geschaffene Kunst, die sich nicht um den Kunstdiskurs der Zeit schert. Daher gründet er zusammen mit André Breton und Jean Paulhan 1948 die Compagnie de l'Art Brut und schenkt 1971 seine inzwischen international viel beachtete Sammlung der Stadt Lausanne, die ihr im eigens dafür umgebauten Château de Beaulieu ein Museum einrichtet. Da sich die Sammlung über mehrere labyrinthartig miteinander verbundene Etagen erstreckt und die Werke wie in einer Höhle in verdunkelten Räumen vor schwarzem Hintergrund hängen und nur durch Spots beleuchtet werden, gelingt der Einstieg in die Innen- und Gefühlswelten der Künstlerinnen und Künstler. Kurze Biographien ergänzen die Kunstobjekte der mittlerweile über 70.000 Werke umfassenden Sammlung und zeugen häufig von einer Flucht vor dem eigenen Leiden in eine leidenschaftliche Suche nach einer individuellen, normfreien, künstlerischen Sprache, die sich zum Teil ungewöhnlicher Materialien und Formate bedient. Eindrucksvoll sind die übermenschengrossen, aus Baumstämmen gefertigten, Grimassen schneidenden und manchmal furchteinflössenden Figuren des Italieners Eugenio Santoro genauso wie zum Beispiel die winzigen, auf Milchpackungen gemalten Kühe des Schweizer Art-Brut-Künstlers Hans Krüsi.

Ein Museumsbesuch, der unsere gesellschaftlich geprägte Vorstellung von den Gesetzen der Kunst über den Haufen wirft.

Adresse Avenue des Bergières 11, 1004 Lausanne | ÖV Bus 2, 3, 21 bis Haltestelle Jomini oder Beaulieu | Öffnungszeiten Jan.–Juni Di–So 11–18 Uhr, Juli und Aug. Mo–So 11–18 Uhr, Sept.-Dez. Di–So 11–18 Uhr | Tipp Gleich neben dem Museum befindet sich die Auberge de Beaulieu mit einer kleinen, feinen Speisekarte. Im Sommer kann man hier wunderschön unter Platanen sitzen, und jedes Wochenende wird ein ausgiebiger Brunch angeboten.

28 Der Bel-Air Turm

Wo man in Lausanne an den Wolken gekratzt hat

Was der Zürcher Bauunternehmer Eugen Scotoni und der Lausanner Architekt Alphonse Laverrière Anfang der 1920er Jahre planen, scheint unerhört, und doch überragt seit 1932 der nach amerikanischem Vorbild von ihnen geplante, erste Schweizer Wolkenkratzer mit von Ziegelsteinen ummanteltem Stahlskelett die Innenstadt von Lausanne. In der hügeligen Stadt beträgt die Höhendifferenz des Bauplatzes zwischen der Rue de Genève und dem Bel-Air-Platz ganze 14 Meter. Sie musste mit einer viergeschossigen Subkonstruktion aufgefüllt werden, um auf der so erweiterten Ebene des Bel-Air-Platzes das 55 Meter hohe, symmetrische, von New Yorker Wolkenkratzern inspirierte Gebäude mit 15 Etagen zu realisieren. Der Bau ist zu dieser Zeit sehr umstritten, seine Gegner befürchten, die Silhouette der Kathedrale würde unter der Konkurrenz leiden.

Das Erdgeschoss beherbergt neben Restaurants, Cafés und Bars den klimatisierten Salle Métropole mit damals schon über 1.600 Sitzplätzen. Er versöhnt die Bürger mit dem Hochhaus, denn er dient in erster Linie als Kinosaal, in dem die Tonfilmära eingeleitet wird, aber auch als Konzertsaal, in dem bis in die 1950er Jahre namhafte Stars auftreten. Danach ist er wieder reiner Kinosaal und steht seit 30 Jahren sogar unter Denkmalschutz. Für den Bauherrn Scotoni ist der Turm letztlich ein finanzielles Fiasko und seine Baufirma meldet 1938 Konkurs an.

Seit den 1990er Jahren gehört das Gebäude der Zurich-Versicherungsgesellschaft, die ab 2006 die Sanierung des in die Jahre gekommenen Turms vorantreibt und angeblich 40 Millionen Schweizer Franken investiert, um die Fassade zu restaurieren, die oberen Büroetagen in moderne Lofts zu verwandeln und das Erdgeschoss um eine Ladenzeile zu erweitern. Als Erstes wurde jedoch der Salle Métropole saniert und erweitert, um das historische Jugendstilambiente als modernes Multiplex-Kino nutzen zu können.

Adresse Place Bel-Air, 1003 Lausanne | ÖV Bus 18 bis Haltestelle Port-Franc, U-Bahn (LEB) Haltestelle Chauderon | Tipp Verlässt man den Turm zur Rue de Genève hin, befindet man sich mitten in Flon, einem angesagten Viertel im Herzen von Lausanne. Aus der einstigen Industriezone ist ein beliebter Treffpunkt mit zahlreichen Bars, Cafés und individuellen Einkaufsmöglichkeiten geworden.

29 Das Bleu Lezard

Wenn das Nachtleben nach der blauen Stunde beginnt

In den 1980er Jahren gibt es in Lausanne wenig angesagte Locations für ein jüngeres Publikum. So treffen sich die Geschwister Thierry, Gilles und Jasmina Wegmüller meist mit ihren Freunden im Au Couscous, dem orientalischen Restaurant ihres Vaters. Thierry macht ein Diplom an der Hotelfachschule, tingelt durch die Welt, arbeitet als Musikproduzent und überredet 1992 seine Geschwister, mitten in Lausanne, fast neben dem Restaurant ihrer Eltern einen Szenetreff für ein jüngeres Multikulti-Publikum zu eröffnen. Das Konzept geht auf, denn das Bistro mit der blauen Echse als Logo bietet dort mittags eine kleine Speisenauswahl zu erschwinglichen Preisen an, verwandelt sich nachmittags in ein Café und abends in eine hippe Bar. An warmen Tagen stehen draussen ein paar Tische auf dem Bürgersteig, sonntags gibt es einen lässigen Brunch.

Aber erst als sich zwei Jahre später die Gelegenheit bietet, den Keller mit den dicken Bruchsteinmauern unter dem Bistro zum Nachtclub La Cave du Bleu auszubauen, erfüllen sich tatsächlich die Visionen der Geschwister. Zuvor übernehmen sie 1993 das elterliche Restaurant Au Couscous und zwei weitere Cafés. Die Gesamtleitung übernimmt Gilles, Jasmina kümmert sich um das Personal und die Buchführung, und Thierry endlich um das musikalische Nachtleben der Stadt, denn im «blauen Keller» haben seitdem über 800 Gratiskonzerte stattgefunden. An den Wochenenden sorgen DJs für eine volle Tanzfläche, ansonsten ist das Programm hier sehr abwechslungsreich, und neben den Livekonzerten verschiedenster Musikrichtungen finden auch alle möglichen Kulturveranstaltungen und sogar Modeschauen statt.

Inzwischen leitet Thierry auch die angesagten Nachtclubs D! und Java und ist Vizepräsident des Vereins «Label Suisse», dem Sprachrohr der Schweizer Musikszene. So wächst das geschwisterliche Imperium und damit die Zahl der Lausanner Szenetreffs weiter.

Adresse Rue Enning 10, 1003 Lausanne | ÖV Metro m2 Haltestelle Bessières | Öffnungszeiten und Programm siehe www.bleu-lezard.ch | Tipp Die Eröffnung der coolen Bar-Terrasse Les Arches unter den Brückenbögen der Grand-Pont mitten auf dem Europaplatz ist der neueste Coup der drei umtriebigen Geschwister. Adresse: Place de l'Europe, 1003 Lausanne, Öffnungszeiten und Speisekarte unter www.lesarches.ch.

30 Der Blindenpark

Ein berührendes Märchen

Als vor langer Zeit unser Planet noch Emeraude (Smaragd) hiess, müssen die Kinder Leane und Loic zusehen, wie die Bäume immer trauriger werden. Eine Eiswolke, die alles Leben erfrieren lassen würde, nähert sich der Erde. Die Kinder ersinnen den Plan, mit Hilfe der Herbstblätter alle Bewohner von Emeraude vor der herannahenden Katastrophe zu warnen, um am Ende in gemeinsamer Anstrengung die Wolke wegzupusten. Seitdem verlieren alle Laubbäume zu Beginn der kühleren Jahreszeit ihre Blätter. Wer im Herbst die herabgefallenen Blätter aufmerksam betrachtet, kann darauf noch vereinzelt die Botschaften an das Volk von Emeraude entdecken, die letztlich den Planeten gerettet haben.

Dieses Märchen hat sich die 1968 geborene Schweizer Künstlerin Sara H ausgedacht und dazu mit dem Künstler DeLaPerouze ihren Traum von einem Blindenpark nach dem Konzept «Sehen ist Berühren» realisiert. So erzählt sie das Märchen in 18 zunächst äusserst detailliert in Ton modellierten und dann in Bronze gegossenen poetischen Szenen, die auf Sockeln entlang eines gut 200 Meter langen Weges in einem kleinen Park neben dem ehemaligen Casino von Montbenon aufgestellt wurden. Neben jeder Szene befindet sich eine weitere Bronzeskulptur in Form eines aufgeschlagenen Buches auf einem Baumstamm, damit man auf der linken Buchseite den entsprechenden Text in Braille und auf der rechten Seite in konventioneller Schrift lesen kann. Sara H setzte ihren Wunsch, das ausschliesslich durch Spenden finanzierte Kunstwerk den Einwohnern von Lausanne zu schenken, nach der Fertigstellung der Skulpturen 2015 in die Tat um.

Seitdem ist dieser einzigartige, rund um die Uhr zugängliche Park ein Kleinod für Kinder und Erwachsene, die hier Kunst mit allen Sinnen begreifen können, wie es Sara Hs didaktischem Anspruch entspricht. Ihr nächstes Blindenparkprojekt für die Stadt Sion (L'Arbre Musicien) ist bereits in Planung.

Adresse Parc de la Légende (rechts vom Casino de Montbenon), Promenade André-Schnetzler (Avenue Jules Gonin, Ecke Avenue de Savoie), 1003 Lausanne | ÖV vom Bahnhof mit Bus 3, 21 bis Haltestelle Cécil | Tipp Gleich neben dem Park befindet sich im Jugendstilpavillon an der Rückseite des ehemaligen Casinos die Brasserie de Montbenon, in der man mit Blick auf den See eine hervorragende moderne und regionale Küche geniessen kann.

31 Die einzige Metro

Eine U-Bahn zieht sich wie ein Faden durch die Stadt

Die von den Bürgern Lausannes liebevoll Ficelle (deutsch Faden) genannte U-Bahn ist aus vielerlei Gründen erwähnenswert. Trotz ihrer Streckenlänge von nur 5,9 Kilometern hält sie sowohl einen Welt- als auch einen nationalen Rekord. Von Ouchy am See bis hinauf nach Epalinges-Croisettes überwindet sie einen Höhenunterschied von 336 Metern, und das schafft weltweit keine andere U-Bahn. Zudem ist sie bislang die einzige U-Bahn der Schweiz.

Um Ouchy mit dem höher gelegenen Stadtzentrum und dem Gewerbegebiet Flon zu verbinden, geht 1877 die Standseilbahn Ouchy–Flon in Betrieb. Zwei Jahre später wird eine zusätzliche Standseilbahn zwischen dem Bahnhof und Flon eingerichtet. Ende der 1950er Jahre ersetzt man die in die Jahre gekommene Standseilbahn durch eine wesentlich effektivere Zahnradbahn. 1991 schafft man mit der Stadtbahn m1 eine Verbindung zur Universität in Dorigny. Doch der Ehrgeiz ist noch nicht befriedigt. 2002 entscheidet man sich per Volksabstimmung für eine U-Bahn nach Pariser Vorbild und baut dabei auf französische Technik. Die alte Strecke wird komplett umgebaut und bis nach Epalinges erweitert. Offiziell heisst die Ficelle nun Metro und die Linie mit 14 Stationen dementsprechend m2. Auf der 2008 eingeweihten Strecke fahren jetzt gummibereifte, moderne Züge fast lautlos und ferngesteuert durch die Stadt, die wiederum durch die Verlegung der Schienen unter die Erde mehrere zehntausend Quadratmeter grosse Grünflächen gewinnt.

Die auf elektroakustische Musik spezialisierte Schweizer Komponistin Patricia Bosshard erschafft für einige Stationen kurze, charakteristische Jingles. Wer also darauf achtet, hört in Flon den unterirdischen Fluss gluckern und in Riponne-Maurice Béjart die ersten Takte von Ravels «Bolero». Angekündigt werden die Haltepunkte übrigens von der sonoren Stimme des Nachtwächters der Kathedrale. Und eine m3 ist längst in Planung.

Adresse die südliche Endhaltestelle ist Ouchy, Place de la Navigation 6, 1006 Lausanne | **Öffnungszeiten** Die Metro verkehrt rund um die Uhr und zu Stosszeiten im 5-Minuten-Takt. | **Tipp** Zwischen dem See und dem Hauptbahnhof kann man auf einem coulée verte (grüner Strom) genannten Grünstreifen, der wunderschön bepflanzt ist, genau über der unterirdisch verlaufenden U-Bahn-Strecke entlangspazieren.

32 Der Eselsbrunnen

Der Esel geht voran

Umrahmt von Distelschmuck neigen drei treu dreinblickende bronzene Esel ihre Köpfe ins Wasserbecken. Beim Anblick des Anfang des 20. Jahrhunderts vom Schweizer Bildhauer Édouard-Marcel Sandoz geschaffenen kleinen Brunnens denkt man zunächst an ein Märchenmotiv, wäre da nicht die Inschrift «In Erinnerung an die Akademie von Ouchy», die über den Tierköpfen prangt. Im mondänen, frisch herausgeputzten Hafenbecken von Ouchy wirkt der Brunnen auf dem alten Landungssteg zunächst fehl am Platze, dabei erinnert er daran, dass hier einst Lastschiffe mit Baumaterial aus den Steinbrüchen vom gegenüberliegenden Ufer anlandeten. Mit dem Gestein wurden damals die Stadthäuser Lausannes gebaut. Waren die Bacounis genannten Schiffsleute (Speckesser, abgeleitet vom englischen «bacon» für Speck) mit ihrer Last über den See gesegelt und hatten die Mauersteine in Ouchy abgeladen, packte man sie dort Eseln auf den Rücken. Diese mussten die Last bis hinauf zur Kathedrale und in die Cité genannte Altstadt schaffen, der gerade ihre Stadtmauern zu eng wurden. Die graue Karawane, die sich unter Stockhieben der Treiber ihren steinigen Weg durch die Weinberge hinauf nach Lausanne bahnte, wurde von den Studenten und Bürgern der Stadt gerne mit dem Ausruf: «Voilà, l'Académie d'Ouchy!» verspottet.

Die Weinberge sind längst der sich immer weiter ausbreitenden Stadt gewichen. Die Lastschiffe mit den gekreuzten Lateinersegeln sind eine seltene Touristenattraktion geworden oder messen sich noch vereinzelt bei historischen Segelregatten. Davon dass Lausanne ohne die treuen Esel, die ab 1877 von der Standseilbahn Ouchy–Flon abgelöst wurden, nie erbaut worden wäre, will längst niemand mehr etwas wissen. Dafür besitzt die Académie d'Ouchy heute sogar eine eigene Facebook-Seite, und mit dem Spruch «Du wirst noch an der Akademie von Ouchy enden» meint man immer noch, Dummköpfe verspotten zu können.

Adresse Quai Jean-Pascal Delamuraz, 1006 Lausanne | ÖV Bus 2, 24 und Metro m2 bis Haltestelle Ouchy, CGN, Anlegestelle Ouchy | Tipp Wer die Augen offen hält, kann am Seeufer zwischen Lausanne und Vevey noch weitere der fast 1.800 Skulpturen des Künstlers Sandoz entdecken, darunter die Affen-Bacchanale in Lutry, den Schwan am Hafen von Pully, die Seepferde und den Ersten Ausritt des Bacchus in Vevey.

33_Das Grab von Coco Chanel

Selbst ihr Grab hat Coco Chanel selbst entworfen

Ihr Grab neben einer weissen Steinbank wurde auf ihren Wunsch mit weissen Blumen bepflanzt. Auch ihren weissen Marmorgrabstein mit den fünf Löwenköpfen (ihre Glückszahl und ihr Sternzeichen) hat Coco Chanel selbst entworfen und kurz vor ihrem Tod 1971 verfügt, dass dieser hinter dem Grab stehen möge, denn «ich will keinen Stein auf dem Kopf haben, für den Fall, dass ich zurückkehren möchte».

1935 besitzt die 1883 in einem Armenhaus geborene Coco Chanel bereits fünf Boutiquen in Paris und beschäftigt 4.000 Angestellte. Nach dem Krieg wird jedoch bekannt, dass sie als deutsche Agentin mit dem Codenamen «Westminster» unter anderem für die Geheimmission «Operation Modellhut» und andere Spionagetätigkeiten verantwortlich war, und so geht sie 1945 ins Schweizer Exil. In Lausanne checkt sie in den Top-Hotels Palace und Beau-Rivage ein, trinkt weiter französischen Champagner, lässt sich in der Clinique Valmont in Glion kosmetisch behandeln, trifft sich mit der lokalen Prominenz in Teesalons und führt ihre Hunde am Genfersee aus – wobei ihr stets ein Chauffeur im Cadillac folgt. Gleichzeitig bereitet sie akribisch ihr Comeback vor, um mit 70 Jahren nach Paris zurückzukehren und dort 1954 mit einer neuen Haute-Couture-Kollektion wieder eine Boutique zu eröffnen. Als sie 1956 ihr berühmtes Tweedkostüm mit den vier Taschen vorstellt, ist ihr Ruf als Modedesignerin wiederhergestellt.

1966 kauft sie oberhalb von Lausanne in Sauvabelin die Villa du Signal, in die sie anfangs noch prominente Gäste einlädt und in der sie unermüdlich neue Kollektionen entwirft. Sie zieht sich jedoch immer mehr zurück, pendelt rastlos zwischen Paris und Lausanne und stirbt schliesslich am 10. Januar 1971 in ihrer Suite im Hotel Ritz Carlton in Paris, in der sie insgesamt 30 Jahre verbrachte. Nach der Trauerfeier in Paris wird ihr Sarg auf ihren Wunsch hin nach Lausanne überführt.

Adresse Friedhof Bois-de-Vaux (Sektion 9), Route de Chavannes 2, 1006 Lausanne | **ÖV** vom Hauptbahnhof Metro m1 bis Haltestelle Maladière-Lac und 400 Meter zu Fuss, Bus 25 bis Haltestelle Bois-de-Vaux | **Tipp** Im Hotel Lausanne Palace ist bis heute auf der 5. Etage (Chanels Glückszahl) die Suite nach der Modedesignerin benannt, die sie einst bewohnt hat. Adresse: Rue du Grand-Chêne 7–9, 1002 Lausanne.

34 Der Haldimand-Turm

Drei Männer – eine Wette

Man sagt, dass die drei befreundeten und wohlhabenden Lausanner Edelmänner William Haldimand, Vincent Perdonnet und Charles-Sigismund de Cerjat, beflügelt von einer romantischen Sehnsucht, um 1823 beschlossen, eine Art Architekturwettbewerb auszutragen. Sieger sei, wem es gelänge, auf seinem Anwesen den schönsten künstlichen Ruinenturm erbauen zu lassen. Perdonnet lässt seinen Turm mit einem kleinen Wasserlauf unweit seines frisch renovierten Herrenhauses im Park Mon-Repos errichten, den er mit Hilfe des Pariser Landschaftsgärtners Mosailler Père zwischen 1819 und 1827 in einen englischen Park umgestaltet. Heute fristet der Turm ein unscheinbares Dasein im Schatten des Schweizerischen Bundesgerichts.

Der Offizier Cerjat lässt seinen Turm im Wald von Rovéréaz bauen. Es ist der einzige Turm, der heute nicht mehr existiert. Der englische Bankier Haldimand, der als Sieger aus diesem Wettbewerb hervorgeht, lässt seinen mittelalterlich anmutenden Wehrturm mit Schiessscharten und einem Sockel aus grob behauenem Kalkgestein auf seinem 1818 erworbenen Landsitz Le Denantou bauen, der als Landzunge in den See hineinreicht. Nach einer beachtlichen beruflichen Karriere als Direktor der Bank von England und liberaler Abgeordneter des britischen Unterhauses liquidiert Haldimand 1827 seine Bank und zieht sich ganz nach Denantou zurück, wo er sich bis zu seinem Tod in so vielen gemeinnützigen Werken engagiert, dass er zum Ehrenbürger von Lausanne ernannt wird. Sein Turm hingegen fristet ein bescheideneres Dasein und fällt schliesslich von Efeuranken bedeckt in eine Art Dornröschenschlaf, bis er im Jahr 2004, im Zuge der kompletten Umgestaltung der Uferpromenade von Ouchy, vollständig restauriert und auf ein Plateau gestellt zur Deko eines Kreisverkehrs avanciert. Inmitten des vorbeifliessenden Stadtverkehrs wirkt der Ruinenturm jedoch erneut wie aus der Zeit gefallen.

Adresse Avenue de la Tour Haldimand, 1006 Lausanne | ÖV Bus 24 bis Haltestelle Tour Haldimand-Lac oder Bus 8 bis Haltestelle Pully, Tour Haldimand; CGN, Anlegestelle Lausanne-Ouchy (und von dort den Quai in Richtung Pully entlang etwa 10 Minuten zu Fuss) | Tipp Ein Vergleich mit Perdonnets neugotischem Ruinenturm mit künstlicher Grotte und Wasserlauf im oberen Teil des Park Mon-Repos lohnt sich. Adresse: oberhalb des Bundesgerichts zwischen der Avenue Vignet und der Avenue Charles-Secrétan.

35 Das Immigrationsmuseum

Dem Fremden eine Heimat geben

Nur 15 Quadratmeter misst der bescheidene Raum im Hinterhof der Strassenzeile, der weder über Heizung noch fliessendes Wasser verfügt. Dafür strahlt der Initiator der Sammlung, Ernesto Ricou, mit dem markanten Schnauzbart umso mehr Wärme aus, vor allem, wenn er von seinen Schätzen erzählt, die er dort in den letzten 17 Jahren zusammengetragen hat. Seine Vorfahren wurden einst in Frankreich als Hugenotten verfolgt, er selbst hat portugiesische und brasilianische Wurzeln, und vielleicht liegt es ihm deshalb so am Herzen, auf das Schicksal verfolgter, vertriebener und heimatloser Menschen aufmerksam zu machen.

Auf dem kleinen Dachboden des Museums, den man über eine wackelige Holzstiege erreicht, lagern zahlreiche Koffer, die Menschen aus aller Welt auf der Flucht begleitet und die sie nach ihrer Ankunft in der Schweiz Ernesto anvertraut haben, genau wie Fotos, Briefe und andere Dinge, die sie aus ihrer Heimat mitgebracht haben. Häufig haben die Flüchtenden auch ein wenig Erde aus ihren Heimatländern mitgenommen, die Ernesto sorgfältig konserviert, weil sie für die Menschen eine sehr innige Verbindung zu ihrem Geburtsort darstellt. Man darf die vielen Schätze selbst entdecken, die Koffer öffnen und auch die Kisten, in denen Ausstellungsstücke nach Ländern geordnet sind. Der ehemalige Kunstlehrer Ernesto kennt die Geschichten, die sich hinter all diesen sehr persönlichen Dingen verbergen. Oft kommen Schulklassen zu Besuch, denen er das Bewusstsein für die verschiedenen Kulturen, aber auch für die eigene Identität und die eigenen Wurzeln vermitteln möchte. In einem der Koffer befanden sich zu Ernestos Überraschung zahlreiche Dokumente und Fotos des Schweizers Jean Mohr, der nach 1949 im Auftrag humanitärer Organisationen als Dokumentarfotograf unterwegs war – ein wahrer Schatz, den Ernesto inzwischen zu einer eigenen Wanderausstellung zusammengestellt hat.

Adresse Avenue de Tivoli 14, 1007 Lausanne | ÖV Metro m1 Haltestelle Montelly, Bus 1, 3, 4, 6, 7, 21 bis Haltestelle Cécil | Öffnungszeiten Besuch nach Voranmeldung unter Tel. +41/21/2189815, Ernesto Ricou spricht Französisch und Englisch | Tipp Auch das Fotografiemuseum Musée de l'Elysée, das im neuen Kunstquartier Plateforme 10 neben dem Lausanner Hauptbahnhof seine Türen öffnet, besitzt eine beeindruckende Sammlung von Jean Mohrs Bildern.

36__Jetée de la Compagnie

Hier wird der See in Szene gesetzt

Auf dem langen Hafendamm, hinter dem in der grossen Werft die berühmte weisse Flotte und die anderen Personentransportschiffe der CGN beziehungsweise der «Compagnie Générale de Navigation sur le lac Léman» gewartet werden, ist ein beliebter Treffpunkt entstanden, um den See in entspannter Atmosphäre zu geniessen. Tatsächlich sind in Lausanne die Terrassen mit Seezugang oder wie es auf Französisch heisst «les pieds dans l'eau» (mit den Füssen im Wasser) erstaunlich rar gesät, denn früher musste man sich dafür erst umständlich von der höher gelegenen Stadt bis hinab ans Ufer begeben. Der durch die Werft recht abgelegene Pier war in Vergessenheit geraten, bis seine Kaimauer 2014 von dem Verein «I lake Lausanne» durch ein wellenförmiges Holzdeck erweitert wurde, auf dem man seit 2015 zum Beispiel nach dem Bad im See in der Sonne liegen, mit Freunden beieinander sitzen, dem Sonnenuntergang zusehen, die Seele baumeln lassen, sich ein- bis zweimal pro Woche frühmorgens zu einer öffentlichen Yogastunde einfinden und sonntags brunchen kann. Dank der von der Stadt Lausanne vor dem Pier installierten Pontons gilt der Jetée jetzt auch offiziell als Badeplatz.

Die Bar La Jetée de la Compagnie und das Minimum haben kleine Tische, Stühle und Liegestühle aufgestellt und halten eine grosse Auswahl an Cocktails, Craft-Bieren, Erfrischungsgetränken und kleinen Snacks – zum Beispiel frisch vom Grill – parat, sorgen aber auch dann und wann für Livemusik und andere kulturelle Events, um das fantastisch lockere Ambiente abzurunden.

Wendet man den Blick vom See ab, kann man zusehen, wie in der Werft die alten Raddampfer gewartet und aufwendig restauriert werden oder wie zwei neue ultramoderne Personenfähren mit Hybridantrieb zusammengebaut werden. Sie sollen bis Ende 2023 in Betrieb genommen werden, um vor allem den Berufspendlern zwischen Lausanne und Frankreich das Leben zu erleichtern.

Adresse Jetée de la Compagnie, 1007 Lausanne | ÖV mit dem Schiff CGN, Anlegestelle Lausanne-Ouchy und etwa 15 Minuten zu Fuss; Bus 2 bis Haltestelle Pêcheurs und 500 Meter zu Fuss; mit der Metro m2 bis Haltestelle Lausanne-Ouchy und etwa 15 Minuten zu Fuss | Öffnungszeiten Gastronomie täglich 11–23 Uhr, bei Regen geschlossen, jeteedelacompagnie.ch | Tipp Mit der Pop-up-Bar La Galicienne hat der Verein «I lake Lausanne» auch eine Brache auf dem ehemaligen Gelände der Gasfabrik wiederbelebt. Tolles Ambiente, Livemusik und Animation. Adresse: Avenue du Chablais 18, Lausanne-Prilly.

37_Der Languedoc-Hügel

Ein Weinberg mitten in der Stadt

Die Stadt Lausanne ist nicht nur von Weinbergen umgeben – ein kleiner Weinberg mitten in der Stadt erinnert seit 1987 daran, dass ein Grossteil der heutigen Stadtfläche einst von Weinbergen bedeckt war und ein Viertel der Lausanner Bevölkerung bis Ende des 18. Jahrhunderts vom Weinbau lebte. 1930 müssen auf dem im 19. Jahrhundert von französischen Flüchtlingen «Languedoc» getauften Hügel die letzten Weinstöcke dem Gemüseanbau weichen, der die Versorgung der Stadtbevölkerung in Notzeiten sichern soll. 1982 kauft die Stadt die Parzelle zurück und lässt fünf Jahre später von städtischen Mitarbeitern 390 Rebstöcke pflanzen, einen kleinen Park und einen Spielplatz anlegen und Bänke aufstellen. Der didaktische Weinberg mit der fantastischen Aussicht über den See wird inzwischen von Schulkindern gepflegt, die geernteten Trauben werden kostenlos an Schulen und Kindergärten verteilt.

1817 lässt sich ein gewisser Notar Févot, dem damals der Weinberg gehört, oberhalb seiner Rebstöcke einen grosszügigen Landsitz bauen, der die Hausnummer 16 an der Chemin du Languedoc trägt. Ihm und anderen Lausanner Autoritäten ist es zu verdanken, dass man im Waadtland bis heute vom «vin d'honneur» spricht – eine Redewendung, die 1829 zum ersten Mal schriftlich erwähnt wird. Zunächst wurde jede neue Vogtei begrüsst, indem man ihrem Repräsentanten Wein aus dem eigenen Gut schenkte. Inzwischen begrüsst man mit dem «Ehrenwein» Gäste zu einem Umtrunk und stösst auf sie an. Bereits seit dem 16. Jahrhundert konnten Winzer ihre Haustüren vom 1. November bis zum 1. Mai mit einem Zweig oder einem Laubbüschel (französisch pinte) schmücken, wenn sie in ihrem Wohnraum den jungen Wein in Krügen (ebenfalls pinte) zum Ausschank anboten, wobei ihnen der Verkauf ausser Haus in Flaschen strengstens verboten war. Ein Brauch, von dem sich das Wort «pinte» für Kneipe oder Weinausschank ableitet.

Adresse Chemin du Languedoc, 1007 Lausanne | ÖV Bus 6 bis Haltestelle Languedoc, ein kleiner Fussweg führt gegenüber des Hauses Nummer 19 zum Weinberg | Tipp Durstig geworden? Dann empfiehlt sich eine Einkehr in der Pinte Besson, dem ältesten Lokal von Lausanne in der Rue de l'Ale 4.

38 Die Louve

Warum ein Fluss durchs Parkhaus fliesst

Die Louve, die auf 690 Meter Höhe oberhalb von Lausanne entspringt und heute quasi unsichtbar mitten durch die Stadt fliesst, gilt schon den ersten Siedlern als wichtige Trinkwasserquelle. Im 18. Jahrhundert nutzt man ihr Wasser für Mühlen, Sägewerke und Gerbereien und beginnt die städtischen Abwässer in sie einzuleiten. Noch fliesst sie an den Stadtmauern vorbei durch ein tiefes Tal. Doch als die Stadt zu Beginn des 19. Jahrhunderts aus allen Nähten platzt, wird die Louve genau wie der Flon kanalisiert und in Gewölben unterhalb der sich ausbreitenden Stadt entlanggeführt – auch aus sanitären Gründen, denn man macht sie unter anderem für die verheerende Choleraepidemie verantwortlich, die Lausanne heimgesucht hat. Die so gewonnene freie Fläche wird sofort bebaut.

1811 schlägt der Amateurarchitekt Isaac-Augustin Joseph der Stadt vor, den zu klein gewordenen Marktplatz durch einen neuen, riesigen Platz mit grossem Kornspeicher über dem Fluss zu ersetzen. 1838 wird der Platz de la Riponne eingeweiht. Während die Louve nun unterirdisch vor sich hin stinkt, wächst über ihr die Stadt munter weiter. Fast ein Jahrhundert lang beherbergt der Palais de Rumine ab 1906 die Universität von Lausanne, und der angrenzende Riponne-Platz wird vom tosenden Stadtverkehr wortwörtlich überrollt. Zwischen 1969 und 1974 baut man daher unter dem Platz ein riesiges Parkhaus, muss dabei allerdings auf die Louve Rücksicht nehmen.

Immerhin kann man sie jetzt dort wieder sehen, denn im Treppenhaus des Parkhauses gibt es zwischen dem dritten und vierten Untergeschoss ein Fenster, durch das man in das den Fluss umgebende Gewölbe blicken kann. An den Wänden geben Bildtafeln Auskunft über die Geschichte des Flusses. Seit 2006 ist die Louve auch nicht mehr an das Abwassersystem der Stadt angeschlossen, sondern fliesst direkt bei Vidy in den See, wobei sie kurz vor ihrer Mündung über ein kleines Wehr zur Stromgewinnung geführt wird.

Adresse Parking Riponne SA, Place de la Riponne 12, 1005 Lausanne, Eingang zum Treppenhaus auf dem Platz neben dem Eingang zur Metro | ÖV Bus 1, 6, 7, 8 und Metro m2 bis Haltestelle Riponne M. Béjart | Öffnungszeiten Parkhaus rund um die Uhr zugänglich | Tipp Der Espace Arlaud direkt neben dem Eingang zum Parkhaus ist das älteste Museum von Lausanne. Hier werden sehr spannende, überwiegend naturwissenschaftliche Wechselausstellungen aus den Sammlungen der kantonalen Museen gezeigt. Adresse: Place de la Riponne 2b, Öffnungszeiten: Mi–Fr 12–18 Uhr, Sa und So 11–17 Uhr.

39 Major Davels Denkmal

Der von Gott berufene Volksheld

1898 weiht man in Lausanne vor dem Schloss Saint-Maire das stattliche, von dem Bildhauer Maurice Reymond de Broutelles geschaffene Denkmal zu Ehren Jean Daniel Abraham Davels ein – dabei waren es die eigenen Landsleute, die den Freiheitskämpfer 1723 auf Anordnung der Berner Regierung zum Tode verurteilten und am 24. April auf dem Richtplatz in Lausanne-Vidy enthaupteten.

Dank seiner militärischen Verdienste im bernischen Regiment wird Davel 1717 zum Landmajor und zum Kommandanten des Kreises Lavaux ernannt. Doch die Unzufriedenheit der Waadtländer mit der neuen Berner Regierung, ihr Widerstand gegen die ihnen aufgezwungenen calvinistischen Glaubensdogmen sowie angebliche Stimmen aus dem Jenseits, die Davel einreden, von Gott zur Befreiung seines Vaterlandes berufen zu sein, lassen den Major am 31. März 1723 mit einem kurz zuvor mobilisierten Bataillon von 600 Mann nach Lausanne ziehen. Wohlwissend, dass an diesem Tage die Berner Vögte nicht anwesend sein würden. Davel übergibt den Ratsherren der Stadt ein umfangreiches Manifest, in dem er der Berner Regierung schwerwiegende Fehler vorwirft und die Befreiung des Waadtlandes fordert. Der Stadtrat täuscht vor, Davels Forderungen zu akzeptieren. Heimlich benachrichtigt er jedoch die Berner Obrigkeit, die den Major am nächsten Tag verhaften, foltern und vor das Lausanner Bürgergericht stellen lässt, das ihn zum Tode verurteilt.

An jedem 24. April gedenkt die 1819 gegründete Studentenverbindung «Schweizerischer Zofingerverein» Major Davels versuchtem Befreiungsschlag für das Waadtland mit einem gemeinsamen Marsch. Die Studenten gehen gemeinsam den Weg vom Schloss Saint-Marie bis zum Richtplatz in Vidy, so wie ihn der längst zum Volksheld und Märtyrer stilisierte Davel am Tag seiner Hinrichtung 1723 beschreiten musste. An der Stelle des Richtplatzes befindet sich heute der Louis-Bourget-Park, in dem eine Stele an die Hinrichtung Davels erinnert.

Adresse Place du Château, 1005 Lausanne | ÖV Bus 7, 22 bis Haltestelle Place du Nord oder für die Kathedrale und Schloss Bus 16 bis Haltestelle Pierre Viret | Tipp Die sterblichen Überreste Davels befinden sich in einem Empire-Sarkophag im nördlichen Querhaus der Kathedrale, die nur einen Katzensprung vom Denkmal entfernt ist. Auch in seinem Geburtsort Cully hat man dem Major ein Denkmal gewidmet.

40_The Olympic House

Wie Olympia in Lausanne Einzug hielt

Als 1914 der Erste Weltkrieg ausbricht, sucht der französische Präsident und Gründungsvater des IOC (International Olympic Committee) Baron Pierre de Coubertin nach einem sicheren Hafen für seine Organisation und findet ihn in der neutralen Schweiz. Er transferiert den Sitz des IOC nach Lausanne und bekommt dafür zunächst zwei Räume im Casino de Montbenon und dann drei Räume in der Villa Mon-Repos zur Verfügung gestellt, in der er schnell auch noch ein Olympia-Museum einrichtet. Nachdem Coubertin 1925 sein Amt niederlegt, beginnt mit dem Herannahen des Zweiten Weltkriegs auch für den IOC ein düsteres Kapitel.

Nach dem Krieg wird der vermögende Schweizer Juwelier Otto Mayer neuer Präsident des Komitees und stärkt damit wieder den Lausanner Standort. Unter seiner Regie wachsen das Museum und der Verwaltungsapparat derart, dass die Räumlichkeiten in der Villa aus allen Nähten platzen und sogar Decken einzustürzen drohen. 1968 zieht der IOC daher in das Château de Vidy am Seeufer um. Doch auch hier wird es bald wieder so eng, dass einige Büros an andere Standorte ausgelagert werden müssen. Wenn der IOC jedoch eines kann, dann ist es Wettbewerbe der Superlative zu organisieren, und so beteiligen sich 114 Architekturbüros an der Ideenfindung für ein neues Verwaltungsgebäude im Schlosspark. Das dänische Büro 3XN erhält den Zuschlag und gewinnt mit seinem Entwurf gleich mehrere Goldmedaillen. Das 2019 eingeweihte, vierflügelige Gebäude mit der aussen geschwungenen Doppelglasfassade punktet mit viel olympischem Symbolcharakter und spektakulärem Design, aber vor allem auch mit Nachhaltigkeit, Gebäudeökologie und Ressourcenschonung. Gold gewinnt das Gebäude, das endlich wieder die über 500 Mitarbeiter des IOC unter einem Dach vereint, auch als «Best Office Future Project». Von der Dachterrasse des Bistros La Vaudaire hat man einen guten Blick über das ganze Ensemble.

Adresse Vaudaire | ÖV Bus 24 bis Haltestelle Siège du CIO | Tipp Pierre de Coubertins Gründungsmanifest der Olympischen Spiele befindet sich seit Kurzem im neuen Olympischen Museum in Ouchy, das unbedingt einen Besuch lohnt. Adresse: Quai d'Ouchy 1, 1006 Lausanne.

41 Der Parc de Milan

Brot und Spiele im Park

Zwischen Hauptbahnhof und See erstreckt sich mitten in der Stadt ein neun Hektar grosser Park, der auf merkwürdige Art aus zwei Hälften zu bestehen scheint. Rechts von der Avenue de Milan befindet sich von Bäumen gesäumt eine riesige Rasenfläche, die an schönen Sommertagen mit bunten Picknickdecken übersät ist. Daran angrenzend erhebt sich der sanfte Hügel Colline de Montriond, dessen Flanken überwiegend bewaldet sind. Verschlungene Pfade und Treppen führen hinauf, auf seiner Südseite erstreckt sich der botanische Garten der Universität Lausanne, im Norden gibt es zwischen den beiden Parkhälften einen fantastischen Holzspielplatz, einen grossen Brunnen, Bolz- und Bouleplätze.

1894 kauft die Stadt Lausanne einem Arzt das gesamte Gelände ab, um seinen Bürgern nach dem Vorbild beliebter europäischer Grossstädte eine Parkanlage zu schenken. Wege und Plätze werden angelegt, der Wald soll erhalten bleiben, ein Reitverein baut eine Geländestrecke, und ein Zirkus darf dort seine Zelte aufschlagen. Zu Ehren der italienischen Gastarbeiter, die gerade den Simplon-Tunnel bauen, wird die Grünanlage Parc de Milan (Mailänder Park) getauft. Als während des Ersten Weltkrieges Lebensmittel knapp sind, wird der Park kurzerhand in einen riesigen Gemüsegarten verwandelt, aber schon 1921 feiert man hier wieder grosse Feste und geniesst die Naherholung im Grünen. Doch dann heisst es «Kommando zurück». Im Zweiten Weltkrieg greift hier nämlich der «Wahlen-Plan» beziehungsweise die vom Landwirtschaftsbeauftragten Friedrich Traugott Wahlen befohlene Anbaupflicht, um die Selbstversorgung der Schweiz zu garantieren. Nach seinem Motto «Trutz der Not durch Schweizerbrot» werden öffentliche Parks in landwirtschaftliche Nutzflächen verwandelt.

Nach 1946 erhält der Park seine Bestimmung als grüne Oase zurück und wird seitdem immer wieder durch neue Freizeitangebote bereichert.

Adresse Parc de Milan, zwischen Avenue de Cour, Avenue de Milan und Avenue Édouard Dapples, 1007 Lausanne | **ÖV** etwa 5 Gehminuten vom Hauptbahnhof entfernt | **Öffnungszeiten** 24 Stunden | **Tipp** Ein Spaziergang durch den botanischen Garten und die botanische Sammlungen des Waadtlandes im angeschlossenen Museum mitten im Park ergänzt den Aufenthalt im Grünen. Öffnungszeiten: Mai–Nov. täglich 10–18.30 Uhr, Nov.–Mai täglich 10–17 Uhr, Adresse: Avenue de Cour 14bis, 1007 Lausanne.

42 Der Peccau-Teich

Die kleine Seejungfrau

Rechts von der Hauptstrasse 1 (aus Richtung Lausanne kommend) und kurz vor dem Passübergang liegt der kleine Wald Bois de Peccau. Hier haben sich mehrere historische Hohlwege erhalten, die vor dem Bau der Strasse die Hauptverbindung von Lausanne über Moudon und Avenches nach Bern darstellten und die zum Teil vermutlich bereits von den Römern angelegt wurden.

Zur Erweiterung der Biodiversität wurde inmitten des Waldes in den Jahren 1983 und 1984 ein Teich angelegt. An seinem südöstlichen Ende führt eine kleine Holzbrücke über das sich anschliessende Sumpfgebiet. Am nördlichen Ufer des Teiches wurde eine kleine Holzplattform über dem See errichtet, um die hölzerne Meerjungfrau besser betrachten zu können, die dort im seichten Wasser, umringt von Seerosen und Binsengewächsen, ruht. Vielleicht soll sie an die Werke des dänischen Schriftstellers Hans Christian Andersen erinnern, der sich zu seinen Märchen «Die kleine Meerjungfrau» (1837) und «Die Eisjungfrau» (1861) tatsächlich auch in der Schweiz hatte inspirieren lassen. Zwölfmal besuchte Andersen zwischen 1833 und 1873 die Schweiz, zunächst um Französisch zu lernen, später berauscht von der gewaltigen Natur, den Seen sowie dem Komfort und der Eleganz des aufkommenden Tourismus. Stets führte er dabei ein Seil mit sich, nicht aber um sich im Gebirge behelfen zu können, sondern um sich notfalls aus seinem jeweiligen Hotelzimmer abzuseilen, sollte im Haus ein Brand ausbrechen. Andersen bewunderte und fürchtete die Natur und liebte den Aufenthalt in mondänen Hotels. Seine Meerjungfrau rettet den Prinzen, als dessen Schiff im Sturm sinkt, und opfert für ihn ihren Fischschwanz und ihr Leben. Seine todbringende Eisjungfrau hingegen lockt den liebenden Jüngling Rudi am Abend vor seiner Hochzeit mit Babette, nachdem er ihr Ruderboot an der winzigen Insel Île de Peilz vertaut hat, hinab auf den Grund des Genfersees.

Adresse 1000 Lausanne | ÖV ab Lausanne Bahnhof Metro m2 bis Epalinges, Croisettes und weiter mit Bus 45 bis Haltestelle Mauvernay | Anfahrt Route de Berne (N1) in Höhe des Parking Chalet-à-Gobet, auf der rechten Seite zwischen dem Brunnen und dem Hôtel-Restaurant Auberge du Chalet à Gobet rechts und dann vor dem Reitstall rechts in den kleinen Wanderweg abbiegen, der direkt zum Teich führt | Tipp Vor Villeneuve die kleine Insel Île de Peilz mit der grossen Platane bewundern, an der Hans Christian Andersens Märchen von der «Eisjungfrau» endet. Sie ist die einzige natürliche Insel im Genfersee.

43 Plateforme 10

Eine neue Plattform für die Kunst

Direkt neben den Gleisen des Hauptbahnhofs, auf dem einst industriell genutzten, lang gestreckten, zwei Hektar grossen Gelände mit den ehemaligen Lokschuppen ist 2019 eine völlig neue Museumsmeile eröffnet worden, die drei wichtige Lausanner Museen – das Kantonale Kunstmuseum, das Fotografiemuseum und das Mudac-Museum für zeitgenössisches Design und angewandte Kunst – zusammenführt. 2010 hatte der Kanton Waadt einen internationalen Wettbewerb zur kompletten Umgestaltung des Geländes ausgeschrieben und dann nach den Plänen der spanischen Architekten Barozzi Veiga für das kantonale Kunstmuseum einen monolithischen, 145 Meter langen Quader bauen lassen, der 22 Meter hoch und 21 Meter breit ist und im Volksmund sofort den Spitznamen «Kunstriegel» erhält.

Die Nordfassade zum Bahnhofsplatz besteht aus vertikalen Lamellen und einigen grossen Fenstern und wirkt trotz der strengen Geometrie recht luftig. Die geschlossene Ziegelfassade gen Süden, aus deren Mitte das historische Portal des dort abgerissenen, ehemaligen Betriebsbahnhofs herausragt, verweist dagegen auf die einstige industrielle Nutzung des Areals. Je nachdem, von welcher Seite man sich dem zunächst sehr verschlossen wirkenden Gebäude nähert, ist der Eindruck ein anderer.

Im Innern befinden sich auf drei durch ein durchgehendes Foyer miteinander verbundenen Etagen neben der Dauerausstellung des Kunstmuseums, auch variable Flächen für Wechselausstellungen, ein Restaurant und eine Buchhandlung. Bewusst wird ein Blick auf den See verwehrt, um allein die Kunst in den Fokus zu rücken. Ein von dem Portugiesen Aires Mateus entworfener, würfelförmiger Bau mit schlitzförmigen Öffnungen wird ab 2022 die beiden anderen Museen unter einem Dach vereinen. Der vor den Gebäuden entstandene weitläufige Platz, der von grossen, schräg aufgestellten Betonscheiben unterbrochen wird, füllt sich langsam mit Leben.

Adresse Place de la Gare 16, 1003 Lausanne | **ÖV** gleich neben dem Hauptbahnhof | **Öffnungszeiten** Di, Mi, Fr–So 10–18 Uhr, Do 10–20 Uhr | **Tipp** Das ursprünglich 1841 eingeweihte Kantonale Kunstmuseum (Musée cantonal des Beaux-Arts) besitzt einen Fundus von über 10.000 Werken, die in der Platforme 10 neben der Dauerausstellung im dritten Stock in spannenden, innovativen Wechselausstellungen gezeigt werden.

44_Das Rolex Learning Center

Hier schlägt das Herz der Universität

Als die Eidgenössische Polytechnische Hochschule (EPFL) 1978 ans Nordufer des Genfersees neben die Universität umzieht und schnell erweitert wird, konnte niemand ahnen, welche Sogwirkung die hochmodernen und eng mit der Wirtschaft verknüpften Forschungseinrichtungen mit den Schwerpunkten Ingenieurwissenschaften, Informatik, Architektur und Nanotechnologie auf Studenten und Wissenschaftler aus aller Welt ausüben würden. Schnell platzt die Bibliothek aus allen Nähten, und es fehlt sowohl ein Campus als auch ein Forum für den interdisziplinären wissenschaftlichen Austausch. Mit Rolex als Hauptsponsor wurde 2004 ein Wettbewerb ausgerufen und in der Folge ein Bau des Architekturbüros SANAA realisiert.

Entstanden ist ein faszinierender, leicht gewellter, eingeschossiger Bau, der von oben dank der 14 unterschiedlich grossen, wie ausgestanzt wirkenden, runden Patios einer Kraterlandschaft von einem anderen Planeten gleicht. Auf einer 20.000 Quadratmeter grossen Fläche ist ein lichtdurchflutetes, multifunktionales und von allen Seiten zugängliches Universitätszentrum entstanden, durch das man sich auf geschwungenen Wegen wie durch eine transparente, sanfte Hügellandschaft bewegt. Nichts scheint statisch, und ständig ändert sich wie in der umgebenden Landschaft der Blickwinkel. Durch die gewellte Form konnte im Inneren fast gänzlich auf feste Wände verzichtet werden, und die Bibliothek, ein Auditorium mit 600 Sitzen, die Mensa, die Lernbereiche, ein Café, eine Buchhandlung und Büros befinden sich in offener Koexistenz und sind von mehreren Seiten zugänglich. Das Gleiche gilt für den Aussenbereich, der ebenfalls überall zum Verweilen, Lesen, Arbeiten, Schlendern und Entspannen einlädt und mit dem Gebäude eine harmonische Einheit bildet. Die Bibliothek und das gesamte Gebäude sind der Öffentlichkeit zugänglich.

Adresse Rolex Learning Center, 1015 Ecublens, Zufahrt zum Beispiel über die Route de Blévallaire | ÖV von Lausanne Bus 25, 31, 705, Bahn 150, 3, 4, 49–Y, Metro m1 bis Haltestelle Ecublens Epfl | Tipp Das ebenfalls auf dem Campus der EPFL angesiedelte Bolo-Museum veranschaulicht mit über 5.000 Computern, Konsolen und anderen Ausstellungsstücken, die der Ingenieur Yves Bolognini zusammengetragen hat, eindrucksvoll die kurze Geschichte der Informatik. Viele der historischen Computer und ersten Spielekonsolen darf man sogar ausprobieren. Adresse: EPFL Gebäude INF, Öffnungszeiten Mo–Fr 8–19 Uhr.

45 Die Rue d'Industrie

Kultur im industriellen Ambiente

Gleich zu Beginn der Rue de l'Industrie kann man rechts hinter dem ehemaligen Warenhaus (Nummer 6) in eine kleine Sackgasse abbiegen, die sich bis heute ihre beschauliche Hinterhofatmosphäre erhalten hat. Auf den ersten Blick scheint hier dank der vielen kleinen Garagen, der ehemaligen Stallungen und Lagerhäuser die Zeit stehengeblieben zu sein. Doch riesige Schwarz-Weiss-Reproduktionen alter Fotos, die auf beiden Seiten über den Garagentoren und Schuppen quasi im ersten Stock angebracht sind, vermitteln einen Eindruck, wie sich das Leben in der Strasse tatsächlich um die Jahrhundertwende abgespielt hat.

Um die aufkeimende Industrialisierung im Vallon-Tal voranzutreiben, errichtete die Stadt Lausanne hier eine Strassenmeisterei und liess Pferde, Fuhrwerke und Maschinen unterbringen und darüber Arbeiterbaracken errichten, verbunden durch bis heute erhaltene, kleine Holzbrücken. 1899 erhielt der Vallon-Platz unmittelbar hinter der kleinen Gasse mit einer eigenen Haltestelle Anschluss an die Standseilbahn Lausanne–Signal. Und da der Flon gleich nebenan durch das Tal fliesst, konnten hier Mühlen und Sägewerke angetrieben werden. 1976 wurde an der Ecke Rue de l'Industrie/Rue du Nord das alte Waschhaus abgerissen, und eine Anwohner-Kooperative hat das 1887 errichtete Warenhaus am Eingang der Hintergasse kernsaniert und dort neuen Wohnraum geschaffen. Heute befinden sich in den ehemaligen Lagerschuppen und Stallungen ein japanisches Reighikan Dojo Zentrum mit einer Aikido- und einer Judoschule, zwei kleine alternative Theaterbühnen (Théâtre 2.21 und Pulloff Théâtres) mit entsprechenden Proberäumen, Kostümverleih und einer kleinen Bar, Fahrradwerkstätten, ein Fotoatelier und ein Atelier für textiles Recycling. Dank der Nonprofit-Kooperative «Ô Vallon» wird die kulturelle Entwicklung und der Zusammenhalt des kleinen Viertels seit 2016 zusätzlich vorangetrieben.

Adresse Rue de l'Industrie, 1005 Lausanne | ÖV Bus 7, 22 bis Haltestelle Place du Nord; Metro m2 bis Haltestelle Riponne-Maurice-Béjart oder Bessières und von dort 10 Minuten zu Fuss | Tipp Die Theaterprogramme sind auf den Webseiten www.theatre221.ch und www.pulloff.ch einzusehen und in einer kleinen Schneiderei neben dem Kostümverleih kann man gebrauchte Kleidung upcyclen lassen.

46 Der Sauvabelin-Turm

Ein Turmbesteigung für mehr Weitblick

Der 35 Meter hohe, frei zugängliche Holzturm von Sauvabelin im gleichnamigen Park mit einem künstlich angelegten See bietet, wenn man die 151 Treppenstufen erklommen hat, einen grandiosen Panoramablick über Lausanne, den See, das Jura und die Alpen. Gebaut wurde er 2003 nach den Plänen des Lausanner Universitätsprofessors Julius Natterer und seiner Studenten, verwendet wurde ausschliesslich Massivholz aus Lausannes Wäldern. Finanziert wurde der Turm hauptsächlich durch Sponsoren, die die einzelnen der 302 Tritte der beiden spiralförmigen Treppen erwerben und sich im Gegenzug dort mit einer Plakette verewigen konnten.

Da einer der Pilgerpfade des Jakobwegs quer durch Lausanne und direkt am Turm vorbei bis hinunter nach Ouchy verläuft, ist auf der Aussichtsplattform «Signal de Sauvabelin» gut 900 Meter unterhalb des Turms ein Kompass in den Boden eingelassen. In Vorzeiten erschien den Einwohnern Lausannes bereits diese Anhöhe oberhalb der Altstadt ausreichend für eine Hochwacht. Bis heute erinnert ein Holzstoss daran, dass hier einst Signalfeuer entzündet wurden, um bei feindlichen Angriffen die Bevölkerung zu warnen.

Auch David Bowie erhoffte sich von diesem wunderschönen Ort mehr Weitblick. 1976 zog er, auf der Flucht vor den britischen Steuerbehörden, seinen inneren Dämonen und massiven Drogenproblemen, zunächst nach Blonay oberhalb von Vevey in ein von seiner Frau Angela Barnett ausgesuchtes, grosszügiges Haus im Chaletstil – das er jedoch von Anfang an hasste. Nach dem Scheitern seiner Ehe erwarb er daher sechs Jahre später das Château du Signal (Route du Signal 46), in dem er weitere 16 Jahre zurückgezogen lebte. 1992 liess er sich im Lausanner Standesamt mit dem Star-Model Iman Abdulmajid trauen, dem jedoch die Schweiz und scheinbar auch das um 1900 für eine russische Prinzessin gebaute Schloss mit seinen über 20 Zimmern bald zu eng wurde.

Adresse Sauvabelin-Turm, Bois-de-Sauvabelin, Chemin de la Chocolatière, 1018 Lausanne | ÖV m2 bis Haltestelle Salaz und 950 Meter zu Fuss durch den Park hinaufgehen oder Bus 16 bis Haltestelle Signal (10 Meter zurückgehen und links in den Weg einbiegen) | Anfahrt über A 9, Ausfahrt 10 Lausanne Vennes zur Chemin de la Chocolatière, die Strasse bis zum Ende fahren und dann circa 20 Meter zurückgehen und links in den asphaltierten Weg abbiegen (5 Minuten zu Fuss) | Tipp Von der Aussichtsplattform ist das Kunstmuseum Fondation de l'Hermitage nur einen Katzensprung entfernt, das in einer wunderschönen Villa aus dem 19. Jahrhundert untergebracht ist und anspruchsvolle Wechselausstellungen zeigt. Adresse: Route du Signal 2, Öffnungszeiten: Di–So 10–18 Uhr, Do Happy Hour 18–21 Uhr.

47 __ «studies for a movement»

Hommage an Maurice Béjart

Geht man in der Metrostation m2 auf dem Place de la Riponne eine Treppe hinunter in Richtung der Gleise, läuft man auf einem Zwischengeschoss an einer Fotoinstallation des deutschen Foto- und Videokünstlers Peter Welz vorbei, das dem grossen Balletttänzer und Choreographen Maurice Béjart gewidmet ist und dort im Jahr 2010 installiert wurde. Schreitet der Betrachter an den jeweils sechs grossen Bildflächen zu beiden Seiten vorbei, geraten die zunächst scheinbar statischen Tänzerfiguren in Bewegung.

Dieser durch die eigene Bewegung ausgelöste optische Trick gründet sich auf jeweils 25 überlagerten Fotografien der tänzerischen Bewegungen, die schnell hintereinander gezeigt eine Sekunde Film pro Projektionsfläche ergeben. Je schneller man an den semitransparenten Plexiglasflächen vorbeigeht, desto schneller scheinen sich die Tänzer und Tänzerinnen zu bewegen, und man wähnt sich diese wenigen Sekunden lang tatsächlich inmitten einer Ballettaufführung.

Peter Welz, der mit dieser Installation 2008 – ein Jahr nach dem Tod von Maurice Béjart – den von der Stadt Lausanne ausgeschriebenen Kunstpreis gewinnt, nimmt hier auch Bezug auf den Erfinder der Chronofotografie Eadweard Muybridge, der 1878 erstmals Einzelaufnahmen eines galoppierenden Pferdes zusammenfügt und so auf der Leinwand zum Leben erweckt. Dem Erneuerer des klassischen Balletts Maurice Béjart, der mit seiner Ballettkompanie 1987 nach Lausanne umzog und dort bis zu seinem Tod blieb, hätte diese Hommage an sein Lebenswerk sicherlich gefallen. Schließlich überlagerte der «Revoluzzer des Balletts» und «Erneuerer des Männerballetts» in seiner Kunst ebenfalls die klassischen Wurzeln des Balletts mit zeitgenössischen und ungewöhnlich modernen Inszenierungen, mit der Abschaffung der klassischen Ausstattung, mit Perkussionsklängen, neuen tänzerischen Ausdrucksformen und in dieser Form noch nie da gewesener Sinnlichkeit.

Adresse Metrostation Riponne M. Béjart, Place de la Riponne, 1004 Lausanne | **ÖV** Metro m2 bis Riponne M. Béjart | **Tipp** Das Béjart Ballet Lausanne (BBL) setzt die Tradition seines Gründers an der Oper in Lausanne fort. Adresse: Chemin du Presbytère 12, 1004 Lausanne, www.bejart.ch.

48 Tabac Besson

Kommissar Maigrets Lieblingspfeifen

Georges Simenon, der belgische Autor der berühmten «Maigret»-Romane, liess sich 1955 in der Nähe von Lausanne und später in der Stadt selbst nieder, nachdem er bereits 30-mal den Wohnort gewechselt hatte. Vielleicht konnte er hier endlich sesshaft werden, weil er das kleine Tabakgeschäft vor der Tür hatte, in dem er 200 Pfeifen erwarb, wöchentlich zwölf Pfeifen reinigen liess und sich mit einer speziell für ihn gemischten Dunhill-Tabakmischung versorgte.

2005 übernimmt Alexis Senn vom Vater den 40 Jahre zuvor gegründeten Tabakkiosk und baut ihn zu einem wahren Paradis für Pfeifenliebhaber aus. Neben wunderschön geschnitzten Meerschaum- und Wurzelholzpfeifen kann man jetzt hier auch seltene Sammlerstücke und Kuriositäten wie die Pfeife des Zauberers Gandalf aus «Der Herr der Ringe» entdecken und erwerben. Für pfeifenrauchende Literaturfans bietet der kleine Laden mit seiner «Schriftsteller-Kollektion» Pfeifen an, wie sie einst von James Joyce, William Butler Yeats, Oscar Wilde und George Bernard Shaw geraucht wurden, aber auch eine exakte Replik der «Dunhill Pfeife», die Georges Simenon rauchte, wenn er an seinen «Maigret»-Romanen arbeitete. Sechs bis acht Pfeifen rauchte er dabei pro Kapitel. Und mit einer Pfeife zwischen den Lippen lässt der des Schreibens überdrüssige Simenon seinen ebenfalls Pfeife rauchenden Kommissar mit Melone und Trenchcoat 1972 im 75. Maigret-Roman auch sterben, verkauft von heute auf morgen sein Haus in Epalinges und zieht in das kleine «rosa Haus» in die Stadtmitte, vielleicht um dem geliebten Tabakladen noch näher zu sein.

Neben Pfeifen und entsprechendem Tabak bietet der Laden auch Zigarren aus aller Welt an, die in einem als Humidor ausgebauten Keller gelagert werden. Im Untergeschoss kommen seit 2009 zudem Whisky- und Rum-Fans auf ihre Kosten, und auch hier bietet Alexis Senn eine fantastische Auswahl von über 300 Sorten an.

Adresse Rue de Bourg 22, 1003 Lausanne | ÖV m2, Haltestelle Bessières, Bus 1, Haltestelle Place Saint-François | Öffnungszeiten Mo–Fr 9–18.30 Uhr, Sa 9–18 Uhr | Tipp Ganz in der Nähe kann man in der Chocolaterie Wuthrich die exklusiv für den ehemaligen französischen Präsidenten Valéry Giscard d'Estaing hergestellten «Giscard»-Pralinen kosten. Adresse: Avenue Juste-Olivier 11.

49 Der thailändische Tempel

Ein schon sehr ausgefallenes königliches Geschenk

Mit seiner goldenen Farbe fällt der thailändische Teakholzpavillon im Denantou-Park sofort ins Auge und wirkt in der oberen Hälfte der Grünanlage ein klein wenig fehl am Platze, beziehungsweise wie aus einer fernen Welt. So muss sich auch König Bhumibol (Rama IX.) gefühlt haben, der mit seiner Mutter und seinen beiden älteren Geschwistern von 1933 bis 1951 in Lausanne lebt, um hier die Schule zu besuchen. Bhumibol ist erst sechs Jahre alt, als er das erste Mal den Genfersee und die Berge erblickt - der Aufenthalt in Lausanne wird sein ganzes weiteres Leben und auch seine Politik prägen. Hier legt er sein Abitur ab und studiert an der Technischen Hochschule, hier erblüht seine Leidenschaft für die Jazzmusik, das Saxophonspiel und das Segeln, hier verliert er 1948 bei einem Autounfall ein Auge und verlobt sich ein Jahr darauf mit Sirikit, der Tochter des thailändischen Botschafters in Frankreich. 1950 besteigt er in Bangkok den königlichen Thron, nur um direkt wieder nach Lausanne zurückzukehren und sein Studium fortzusetzen, das er aufgrund der Unfallfolgen jedoch nicht abschliessen wird. Sogar seine erste Tochter Ubol Ratana kommt in Lausanne zur Welt.

Kein Wunder also, dass er 2005 – zu seinem 60. Thronjubiläum und dem 75. Jahrestag der Aufnahme diplomatischer Beziehungen zwischen Thailand und der Schweiz – der Stadt Lausanne einen Pavillon schenkt, der einer 36 Quadratmeter grossen Miniaturausgabe seines Königspalastes ähnelt. Die Stadt zögert zunächst, das Geschenk anzunehmen, und gibt vor, keinen geeigneten Standort zu finden. Daher wird der grösste thailändische Pavillon, der je von thailändischen Kunsthandwerkern in der westlichen Hemisphäre gebaut wurde, erst 2007 in Lausanne errichtet und mit über 100.000 Goldblättern verziert, um schliesslich am 17. März 2009 im Beisein von Bhumibols jüngerer Tochter Prinzessin Sirindhorn feierlich eingeweiht zu werden.

Adresse Denantou-Park zwischen dem Quai d'Ouchy und der Avenue de Denantou, 1006 Lausanne | ÖV Bus 8, Haltestelle Pully-Tour Haldimand | Tipp Ähnlich aus der Art gefallen ist auch der Affenbrunnen aus weissem Marmor im unteren Teil des Parks, der mit einer Karikatur auf «die drei Affen der Weisheit» die Waadtländer verhöhnt. Vom Bildhauer Édouard-Marcel Sandoz 1934 entworfen, hält sich der linke Affe nur ein Auge und der rechte Affe nur ein Ohr zu und eine Inschrift lautet: «Nur mit einem Auge sehen, den Mund halten, mit nur einem Ohr zuhören.»

50 Der Tunnel de la Barre

Das Nadelöhr der Stadt

Oberhalb der Altstadt sprudelt auch im Hochsommer erfrischend kaltes Wasser aus dem alten Brunnen auf dem Platz de la Barre, das aus dem Pays-d'Enhaut in den Voralpen stammt. Durch Lausanne fliesst nämlich das Wasser von 120 Quellen, die auf dem Waadtländer Plateau in den Voralpen entspringen. Der heute für den Autoverkehr freigegebene, 56 Meter lange Tunnel de la Barre wurde in den Jahren 1851 bis 1855 gegraben, um den Stadtgürtel Lausannes zu vervollständigen, die Wasser der Louve und des Petit Flon zusammenzuleiten und aus sanitären Gründen zu kanalisieren.

Für die Stadt mit dem zerklüfteten Relief, die zu dieser Zeit knapp 20.000 Einwohner zählt, bedeutet dies die Öffnung für den Handel und eine enorme wirtschaftliche Entwicklung, denn mit dem Tunnel de la Barre und der Grand-Pont wird die Vision des Ingenieurs und Architekten Adrien Pichard von einer in der Schweiz bis dato völlig neuen Querverbindung verwirklicht. Der sogenannte Pichard-Gürtel führt nicht nur alle wichtigen Verkehrswege zusammen und überwindet lästige Höhenunterschiede, sondern er entlastet auch die stark befahrene Innenstadt. Den Baubeginn des Tunnels erlebt Pichard (1790–1841) genauso wenig wie die Vollendung der Grossen Brücke (1845). Doch der Architekt Georges Krieg und der Ingenieur Victor Dériaz vollenden seine Pläne, die beiden durch die Flüsse entstandenen Täler, die an dieser Stelle nur noch durch einen schmalen Streifen aus Sedimentgestein getrennt sind, zu vereinen und so die beiden Hügel Signal und Cité zu verbinden. Der neun Meter breite Tunnel wird nicht in das Gestein gebohrt, sondern vielmehr ausgehöhlt und gegraben und dann mit einem Gewölbe aus Quadersteinen ausgekleidet.

In einem Fussgängerdurchgang neben dem eigentlichen Tunnel kann man unter einem Kanaldeckel das Wasser der beiden Flüsse rauschen hören und Fossilien entdecken, die bei den Aushubarbeiten gefunden wurden.

Adresse Tunnel de la Barre, Place du Tunnel, 1005 Lausanne | ÖV Bus 1, 7, 8, 9, 16, 22, 60 bis Haltestelle Tunnel | Tipp Die eindrucksvollsten Fossilien, die der Bau des Tunnels an die Oberfläche befördert hat, sind im Kantonalen Geologie-Museum ausgestellt. Adresse: Place de la Riponne 6, Öffnungszeiten: Di–So 10–17 Uhr.

51__Vidy-Beach

Karibik-Feeling am See

Der längste Sandstrand des Genfersees misst etwa 1,5 Kilometer und bietet alles, was einen den Trubel der Stadt, die zu Fuss nur eine halbe Stunde entfernt ist, vergessen lässt. Mit feinem Sand gefüllte Buchten, Beach-Bars, ein Campingplatz, eine Beach-Volleyballanlage und andere Sportstätten, Grillmöglichkeiten, Kinderspielplätze, dazu Duschen und sanitäre Einrichtungen reihen sich an diesem Strand zwischen Ouchy und der Universität aneinander.

Einst hatten die Römer hier die Siedlung Lousonna gegründet. Doch während sich in der Folge die Stadt Lausanne immer mehr auf den Hügeln oberhalb Vidys ausbreitet, gerät das sumpfige Seeufer zunächst ein wenig in Vergessenheit. Erst Ende des 19. Jahrhunderts werden die ersten öffentlichen, allerdings streng nach Geschlechtern getrennten Badeanstalten rund um den See installiert. 1927 wird in Vidy der erste Sand aufgeschüttet, und findige Hoteliers spendieren Liegestühle, Sonnenschirme und komfortable Umkleidekabinen. Mit Steinen aus dem französischen Steinbruch Meillerie wird der Strand durch einen Deich geschützt. Dank der Weltausstellung Expo werden 1967 allerhand Attraktionen in Vidy errichtet, die zum Teil, wie die vier Pyramiden neben dem Hafen, immer noch direkt am Strand stehen.

Der Strand beginnt in Ouchy mit den kleinen Buchten am Quai de Bellerive direkt hinter der Werft der Dampfschifffahrtsgesellschaft, wird dann vom Hafen von Vidy unterbrochen, hinter dem sich das Fussball- und das Hockeystadion befinden, und bietet entlang der Promenade de Vidy bis zum Campingplatz wieder viele kleine sandige Buchten. Kurz vor dem Campingplatz kann man einen Abstecher zu den römischen Ruinen der Siedlung Lousonna machen. Hinter dem Campingplatz wird der Sandstrand wesentlich breiter und erstreckt sich, vorbei am Sitz des Olympischen Komitees und dem Park Louis Bourget, bis hin zu den Sportstätten der Universität.

Adresse Plage de Vidy, 1007 Lausanne (Quai des Bellerives, Port de Vidy, Esplanade des Cantons, Promenade de Vidy) | ÖV Der Strand ist so lang, dass es verschiedene Optionen gibt, zum Beispiel mit dem Bus 2 oder 24 bis Haltestellen Pêcheurs, Théatre du Vidy oder Vidy Port (Linie 24). | Tipp Mit vielen Badegelegenheiten, Wassersportmöglichkeiten, coolen Bars, zum Beispiel The Place 2B Bikini Beach, schönen Restaurants wie etwa Le Carrousel de Vidy und vielem mehr bietet das Seeufer hier tolle Attraktionen.

52 Die Villa Mon-Repos

Hier lässt es sich hervorragend repräsentieren

Als im 18. Jahrhundert die Stadtmauern Lausannes aus allen Nähten platzen, lässt Abraham Secrétan 1747 ein Landhaus in den Weinbergen, ein wenig unterhalb der Kathedrale bauen und nennt es Mon-Repos (mein Ruhesitz), das in der Folge häufig den Besitzer wechselt. Dem französischen Autor und Philosophen Voltaire wird dort, als er 1755 in die inzwischen 9.000 Einwohner zählende Stadt kommt, sogar ein Theater eingerichtet.

1817 lässt der Schweizer Finanzberater Vincent Perdonnet das Gebäude von Pariser Stararchitekten nach dem neuesten Schrei grundlegend umgestalten und erweitern, sodass es nicht nur eine neuklassizistische Fassade erhält, sondern auch mit allerhand modernem Schnickschnack ausgestattet wird, wie einer Zentralheizung und Badezimmern mit fliessendem Wasser. Als Clou lässt er um seine Villa einen Park nach englischem Vorbild samt Stallungen, Brunnen, Orangerie und Liebestempel anlegen, der bis heute von der Landschaftsgartenbewegung zeugt, die Ende des 18. Jahrhunderts in Europa wortwörtlich erblühte.

Um den Pariser Pädagogen und Sportfunktionär Baron de Coubertin 1922 nach Lausanne zu locken, überlässt ihm die Stadt eine Wohnung in der repräsentativen Villa, die von ihm im gleichen Jahr zum Sitz des IOC (International Olympic Committee) umfunktioniert wird. Zudem richtet er auf der dritten Etage ein olympisches Museum ein, während der Stadtrat Lausannes die erste Etage weiter für Empfänge nutzt. Die Räumlichkeiten werden bald zu klein für das Museum und die IOC-Verwaltung, und so zieht der IOC 1968 nach Lausanne-Vidy um. Das Museum wird eingemottet, bis sich dafür 1981 im Stadtzentrum eine Übergangslösung findet und 1993 ein ganz neues Olympia-Museum in Ouchy gebaut wird. 2001 mietet schliesslich IOC-Präsident Samaranch zwei Etagen der Villa, um der Olympischen Solidarität ein würdiges neues Büro einzurichten.

Adresse Parc de Mon Repos, 1005 Lausanne | ÖV Metro m2 bis Haltestelle Ours, Bus 6, 7 bis Haltestelle Ours | Tipp Der umliegende Park Mon-Repos ist sicherlich eine der schönsten Grünanlagen in Lausanne, und man sollte dort unbedingt noch die Nebengebäude der Villa, wie die ehemaligen Stallungen, die Vogelvolieren und den kleinen Jugendstilpavillon entdecken, in dem sich das Café La Folie Voltaire befindet. Für Kinder gibt es gleich nebenan einen spannenden Holzspielplatz.

53 Der Schwan

Der Schwanensee wortwörtlich genommen

Der Anblick der weissen Schwäne auf dem Genfersee, genauer gesagt der Höckerschwäne, ist so vertraut, dass es verwundert, dass die ursprünglich aus der Ostsee, dem Schwarzen Meer und dem Süden Sibiriens stammenden Entenvögel erst zu Beginn des 19. Jahrhunderts in der Schweiz angesiedelt wurden.

Genau sieben Schwäne fliegen auf einem 1802 entstandenen Kupferstich die Rhône bei Genf hinauf, allerdings ist ungewiss, ob es sich tatsächlich um die ersten Schwäne auf dem See handelt. Da sich Schwäne als Zier- und Parkvögel bereits seit fast zwei Jahrhunderten an europäischen Königshäusern grosser Beliebtheit erfreuen, ersteht 1837 auch die Stadt Genf ein Pärchen und erhält zwei Jahre später zwei weitere Schwäne als Geschenk des Prinzen von Fürstenberg. Die Tiere bekommen Nachwuchs, sodass die Genfer 1858 der Stadt Vevey ein Schwanenpaar schenken können. Das Weibchen stirbt jedoch sofort, worauf der Witwer nach Morges umgesiedelt wird. Aus Genf lässt man daraufhin schnell eine neue Gespielin kommen. Einer in Morges gerne erzählten Legende zufolge sind diese beiden Schwäne die Urahnen der gesamten Schwanenpopulation auf dem See. Zumindest müssen die beiden reichlich gevögelt haben, denn bereits in der zweiten Hälfte des 19. Jahrhunderts wurde der Schwan zu einem Symbol des Genfersees und seit 1875 auch zur ersten vom Schweizer Gesetz geschützten Vogelart auf dem See.

Der «Schwan bei seiner Morgentoilette» ist eine Skulptur des emsigen Schweizer Bildhauers Édouard Marcel Sandoz, die 1957 in dem kleinen Hafenbecken von Pully eingeweiht wurde. Der gewaltige, anmutig blass graugrün gefärbte Schwan aus Aluminium stützt sich auf den linken Flügel, während er mit dem Schnabel das Gefieder auf der rechten Seite putzt. 22 Prozent der Schweizer Schwäne besiedeln den Genfersee, damit hat sich der grosse Vogel hier wahrlich ein Denkmal verdient.

Adresse Route du Port, 1009 Pully | **ÖV** CGN, Anlegestelle Pully, Bus 8, 47 bis Haltestelle Pully-Port | **Tipp** Der Hafen und der angrenzende Park mit dem Mini-Zug und dem grossen Spielplatz lohnen einen ausgiebigen Spaziergang, und wer mag, wandert direkt am Seeufer weiter bis nach Lausanne-Ouchy.

54 Der Tatar-Automat

Shoppen per analogem Knopfdruck

Betritt man den Bahnhof in Pully von der Südseite, befindet sich auf dem Bahnsteig Nummer 1 direkt zur Linken ein höchst ungewöhnlicher, schrankförmiger, himbeerfarbener Automat für tagesfrisches Rindertatar. Nach der Auswahl und dem Bezahlen der gewünschten Produkte fallen diese in eine Schublade, aus der man die Waren entnimmt. Wählen kann man zwischen einem Tatar-Menü, einfachem Rindertatar, Saucen und verschiedenen Toastbroten. Rohes, von Hand gehacktes Rindfleisch gehört ganz offensichtlich zu den kulinarischen Grundbedürfnissen der Schweizer, denn der nächste Tatar-Automat steht nur wenige Kilometer weiter in Lausanne-Prilly.

Vor allem aber zeugt der Tatar-Automat von der grossen Liebe der Eidgenossen zu dieser sehr besonderen Verkaufspräsentation. Neben Automaten, an denen man wahlweise Schwangerschaftstests oder Kondome kaufen kann – Letzteres manchmal auch in Kombination mit Sexspielzeug – wird in der Schweiz natürlich häufig Käse in all seinen Facetten in Automaten angeboten. Es gibt sogar reine Käsefondue-Automaten. An ihrem Swisscomaten im Zürcher Hauptbahnhof bietet die Swisscom Reisenden Handyzubehör, Adapter, Kopfhörer und andere elektronische Gadgets an, ganz in der Nähe steht ein Automat, mit dem das schwedische Möbelhaus Ikea eine Auswahl seiner Alltagsprodukte vertreibt, und wieder ein paar Schritte weiter gibt es gar in einem rosaroten Container einen ganzen begehbaren Automatenladen. Verschiedene Lebensmittel- und Snackautomaten finden sich in fast allen grösseren Bahnhöfen, mancherorts hat die SBB sogar Geschichtenautomaten aufgestellt, an denen sich Reisende verschiedene Kurzgeschichten in unterschiedlichen Sprachen ausdrucken können. Inzwischen haben auch die Schweizer Landwirte den Automatenverkauf für sich entdeckt und vertreiben ihre frischen Hofprodukte – egal ob Milch, Wurst, Käse, Obst oder Gemüse – per Knopfdruck.

Adresse Tatar-Automat, Place de la gare, 1009 Pully, www.toutcru.ch | ÖV am Hauptbahnhof Pully | Tipp In Sainte-Croix Les Rasses befindet sich das Spieldosen- und Automatenmuseum CIMA, das von der faszinierenden Geschichte der mechanischen Musikautomaten im Waadtland erzählt. Adresse: CIMA, Rue de l'Industrie 2, 1450 Saint-Croix. Besichtigung nur mit Führung: Di–Fr 15 Uhr, Sa, So 13.45 und 15.30 Uhr.

55 Der Weinwanderweg

Drei Sonnen für den Wein

Offiziell verläuft der Weg, der in Serpentinen durch die Weinbergterrassen des gut 800 Hektar grossen UNESCO-Weltkulturerbes Lavaux führt, von den Rebhängen des Mont Pelerin bis nach Lutry vor den Toren Lausannes. Doch die Wahl eines Streckenabschnitts ist natürlich jedem selbst überlassen und die Rückkehr zum Ausgangspunkt meist per Zug oder Schiff möglich. Allen Wanderrouten ist jedoch der fantastische Blick auf den See gemeinsam, und wenn man sich zu dem beispielsweise gut dreistündigen Spaziergang von Saint-Saphorin nach Lutry entschliesst, durchquert man dabei auch einige der schönsten Winzergemeinden.

Der betonierte Weg führt auf durchschnittlich 400 Metern Höhe mitten durch die bereits im 12. Jahrhundert von Zisterzienser-Mönchen angelegten Weinbergterrassen und ist nicht nur gut ausgeschildert, sondern auch mit didaktischen Lehrtafeln bestückt, die auch auf Deutsch über die Besonderheiten des Weinbaus, die typischen Rebsorten und den Jahresablauf im Weinberg informieren. Und natürlich weisen schmale braune Schilder auf die einzelnen Weingüter entlang des Weges und in den kleinen Dörfern hin, denn in vielen Winzerkellern kann man gemütlich Wein verkosten. Einige findige Winzer stellen sogar Kühlschränke zur Selbstbedienung in den Hof, sodass man zu jeder Tageszeit einen gut gekühlten Weisswein trinken kann. Im Sommer strahlen die Steinwände der kleinen steilen Weinberge recht ordentlich Hitze ab, daher ist Sonnenschutz gefragt. Im Herbst leuchtet das Laub der Weinberge in wunderschönen Farben, nach der Schneeschmelze sind die vielen kleinen Bäche, die zwischen den Reben hinab zum See fliessen, gut gefüllt, aber eigentlich hat jede Jahreszeit ihre ganz besonderen Reize. Man sagt, dass hier drei Sonnen den Wein reifen lassen – die Sonne vom Himmel, die Rückstrahlung der Sonne vom See und die Sonne, die als Wärme in den Mauern gespeichert und abgestrahlt wird.

Adresse Lavaux | **ÖV** Die S-Bahn S4 fährt unter der Woche die meisten Winzerdörfer im Lavaux im 30-Minuten-Rhythmus an und an den Wochenenden einmal pro Stunde. | **Tipp** Wer will, kann sich auch mit dem Lavaux-Express, einer kleinen Bimmelbahn, gemütlich durch die Weinberge fahren lassen. Fahrpläne und Haltestellen unter: www.lavauxexpress.ch.

56 Die 23 Menhire

Obelix lässt grüssen

Die Bauarbeiter staunten nicht schlecht, als sie 1975 bei den Aushubarbeiten für ein Parkhaus direkt neben der mittelalterlichen Stadtmauer von Lutry nach und nach auf einer Länge von etwa 20 Metern 23 mehr oder weniger ovale, aufrecht stehende Steine entdeckten, die Ähnlichkeiten mit Hinkelsteinen hatten. Tatsächlich lassen sich diese Steine, die im Schwemmkegel des Lutrive-Flusses, auf dem das Fischerdorf Lutry von den Römern errichtet wurde, konserviert wurden, auf etwa 3500 vor Christus zurückdatieren – es handelt sich also um Menhire aus der Jungsteinzeit, deren genaue Verwendung bis heute nicht vollständig gedeutet werden kann. Fest steht jedoch, dass die Steine in Gletschermoränen bis zum Fundort transportiert wurden. Nach der Fertigstellung des Parkhauses und eines angrenzenden Parkplatzes wurden die Menhire 1984 so, wie man sie gefunden hatte, auf einem schmalen Platz zwischen den beiden Parkflächen wieder aufgestellt.

Der imposanteste Stein in der Mitte ist gut drei Meter hoch und ebenso breit. Daran reihen sich links und rechts eng nebeneinander die restlichen Steine in abnehmender Höhe. Die äusseren kleinen Steine sind nur noch 20 Zentimeter hoch. Alle Steine sind ungewöhnlich dünn und stehen im Vergleich zu Funden an anderen Orten sehr dicht beisammen. Sie alle sind von Menschenhand behauen und aus grösseren Felsblöcken herausgearbeitet worden. Ein 60 Zentimeter hoher Stein weist bemerkenswerte Gravuren auf, die denen auf in Südfrankreich gefundenen Menhiren ähneln. In der Steinreihe wurde er durch eine Kopie ersetzt, um das Original in einer Vitrine im nahegelegenen kleinen Durchgang zur Kirche auszustellen. Die Gravuren werden als menschliches Antlitz und weibliche und männliche Attribute gedeutet, doch die beeindruckenden und geheimnisvollen Steine werfen noch viele Fragen auf, und der Phantasie sind bei ihrem Anblick keine Grenzen gesetzt.

Adresse Parkplatz de la Possession an der Rue des Terraux und Passage du Simplon, 1095 Lutry (nach ein paar Schritten vom Parkplatz in Richtung See auf der linken Seite) | ÖV mit dem Zug Linie S 2, S 3 bis Bahnhof Lutry, CGN, Anlegestelle Lutry | Tipp Die Altstadt von Lutry ist mit ihrem mittelalterlichen Charakter, ihren verwinkelten Gässchen, geschichtsträchtigen Gebäuden und vielen Passagen auf jeden Fall einen Besuch wert, und parallel lädt natürlich die Uferpromenade mit dem Hafen zu einem Spaziergang ein.

57_Die römische Waage

Wo einst alles auf die Waagschale gelegt wurde

In dem kleinen, zur Gemeinde Lutry gehörenden Weiler Savuit mit den alten Ziegeldächern spannt sich eine historische Waage über die Hauptstrasse. Die im 17. Jahrhundert von einem Berner Schmied gefertigte Waage, die aus dem Dachstuhl eines alten Bauernhauses herausragt, ist die letzte dieser Art in der Schweiz. Ursprünglich in Lutry am zur Burg gehörenden Turm Bertholod aufgebaut, diente sie ab 1865 in Savuit bis in die 1960er Jahre zum Wiegen der Trauben, wenn diese zum Keltern verkauft wurden. Da die Gewichte, die man unter der Waage in einer kleinen Nische hinter einem Gitter entdecken kann, nur ein Zehntel der zu wiegenden Masse besitzen, brauchte es etwa 30 Minuten, um die Waage richtig einzustellen. Die Römer hatten sich dieses ausgeklügelte Prinzip der Laufgewichtswaage ausgedacht, mit dessen Hilfe man tonnenschwere Lasten mit einer Messgenauigkeit von 500 Gramm wiegen kann. So besteht die Waage in Savuit aus einem langen Zählstock mit einer Skala und zwei ungleichen Hebelarmen, an denen lange Ketten angebracht sind, an die auf der einen Seite das Ausgleichsgewicht und auf der anderen Seite mittels Haken das Wägegut angehängt wurde. Das Verhältnis der Hebelarme wurde mit Hilfe einer Zunge und einer Handhabe so lange verschoben, bis ein Gleichgewicht entstand.

Als eine der frühesten Laufgewichtswaagen gilt übrigens ein Fund aus dem römischen Pompeji, durch den sich der Begriff «römische Waage» etabliert hat.

Als die Römer den Genfersee besiedelten, war Lutry ein kleines Fischerdorf mit einem *castrum*, das im Jahr 516 unter dem Namen Lustriacum zum ersten Mal urkundlich erwähnt wurde. Nachdem jedoch im 12. Jahrhundert Mönche hier die ersten Weinreben pflanzten, mauserte sich Lutry bis heute zur grössten Rebbaugemeinde des Lavaux mit den Herkunftsbezeichnungen Lutry und Villette und feiert das alljährlich mit einem grossen «Fête de vendanges» (Weinerntefest).

Adresse Rue du Village 11, 1095 Savuit sur Lutry | ÖV Bus 69 bis Haltestelle Savuit Place | Tipp Das Lustriacum ist eine sehr charmante Bar im Herzen von Lutry, die von einem aus jungen Dorfbewohnern bestehenden Verein geführt wird. Adresse: Rue Verdaine 6, 1095 Lutry, Öffnungszeiten auf www.le-lustriacum.ch.

58 Das Weingut Potterat

Seit Generationen durch die Liebe zum Wein vereint

Das über 600 Jahre alte Winzerhaus der Familie Potterat steht mitten im Herzen von Cully direkt neben der Kirche. Neben dem Wohnhaus, in dem drei Genrationen unter einem Dach leben, geht es durch ein altes Holztor hinab zu den historischen Kellerräumen, in denen der Rebensaft gekeltert, gelagert und abgefüllt wird. Erster Besitzer des Weinkellers war ein Lausanner Bischof, dessen Lehnsherr hier bereits um 1500 die ersten Eichenfässer in den Keller stellte.

Auf den durch Steinmauern getrennten Rebbergen werden in den drei Lagen Villette, Epesses und Courseboux hauptsächlich verschiedene Chasselas-Trauben angebaut, in Villette zusätzlich ein Pinot Noir. Zudem zählen die Potterats zu den etwa 20 Produzenten, die auch einen Plant Robert keltern – eine rote, im Lavaux endemische Gamaytraube, die bis ins 19. Jahrhundert herum sehr beliebt war und dann in Vergessenheit geriet, bevor sie 1966 in Cully von dem Winzer Robert Monnier vor dem Aussterben gerettet und wieder vermehrt wurde. Seitdem kümmert sich die «Gesellschaft Plant Robert» um die Einhaltung der strengen An- und Ausbauregeln und vergibt ein entsprechendes Prüfsiegel.

Inzwischen hat mit dem diplomierten Önologen Guillaume die vierte Generation der Potterats das Zepter übernommen. Dennoch wird zur alljährlichen Weinlese, dem Höhepunkt des Winzerjahres, stets die historische Holzpresse aus dem Jahr 1881 in Betrieb genommen, um die tagsüber auf den steilen Hängen mühevoll von Hand gelesenen Trauben die Nacht hindurch zu pressen und den Saft durch die im Steinboden eingelassenen Rinnen in die Eichenfässer fliessen zu lassen. Nur etwa 600 Mitglieder zählt die «Schweizerische Vereinigung der selbsteinkellernden Weinbauern», zu denen die Familie Potterat seit dem Gründungsjahr 1970 gehört, worauf sie, genau wie auf die Preise, die sie mit ihren Weinen schon gewonnen hat, mit Recht stolz ist.

Adresse J.-F., J. und G. Potterat, Rue du Temple 15, 1096 Cully | **ÖV** von der CGN, Anlegestelle Cully und vom Bahnhof Cully jeweils 5 Minuten zu Fuss | **Öffnungszeiten** Sa 9.30–12.30 Uhr und auf Nachfrage | **Tipp** Jeden Samstagvormittag lädt die Familie Potterat in den Keller und in den angrenzenden Garten zur Degustation ihrer Weine ein. Weitere Informationen unter: www.vins-potterat.ch.

59_Das Atelier NADIA

Ein Hinterzimmer mit bewegter Vergangenheit

2012 hat sich die gelernte Kostümbildnerin Nadia Cuénoud nach arbeitsreichen, unsteten Jahren an grossen internationalen Theater- und Ballettbühnen in einem Haus, das seit fünf Generationen ihrer Familie gehört, ein Atelier und einen Verkaufsraum eingerichtet, um ihre aussergewöhnlichen Kleider, Anzüge und Kostümkreationen zu nähen, die sogar von hier ihren Weg zu grossen Bühnen und Filmproduktionen finden.

Von Fotografie und bildender Kunst inspiriert, sucht sie immer wieder den kreativen Umgang mit neuen Materialien und arbeitet gleichzeitig für ihre Kunden vor Ort aufwendige, historische Kostüme zu tragbarer Alltags- und Abendmode oder zu witzigen Accessoires um. So kann man sowohl in ihrer kleinen Boutique zur Strasse hin spontan fündig werden, oder sich im dahinter gelegenen Atelier seine Wünsche direkt auf den Leib schneidern lassen.

Dass dieses Atelier einst eine um 1480 erbaute Kapelle war, die zu einem Hospiz gehört hatte, hat ihr Vorfahre François Cuénod beim Kauf des Hauses erst entdeckt, als er quasi sein Hinterzimmer entrümpelt, das lange Zeit als landwirtschaftlicher Speicher gedient hatte, für den eine Zwischendecke eingezogen worden war. Als er 1944 dem bekannten Restaurator Ernest Correvon den Auftrag gibt, die stark verwitterten Wandmalereien wieder sichtbar zu machen, kommt eine Darstellung des Salomonischen Urteils aus dem 16. Jahrhundert zu Tage. König Salomon thront mit einem Zepter in der Hand links von den beiden Müttern mit dem Kind, über dem ein Soldat bereits das Schwert erhebt. Ein Zeugnis dafür, dass die ehemalige Kapelle in der Reformationszeit vermutlich zum Gerichtssaal umgemünzt wurde, bevor sie in Vergessenheit geriet.

Für Nadias Entwürfe ist die restaurierte Kapelle jedenfalls eine perfekte Kulisse. Dass ihr Vorfahr auch den alten Kirchturm wieder aufgebaut hat, sieht man nur, wenn man aus der engen Gasse heraustritt.

Adresse Atelier NADIA, Route de Vevey 2, 1096 Cully | **ÖV** von der CGN, Anlegestelle Cully und vom Bahnhof Cully jeweils 5 Minuten zu Fuss | **Öffnungszeiten** nach Terminabsprache unter Tel. +41/78/7323077, www.nadiacreation.ch | **Tipp** Zwei Kirchturmspitzen und damit zwei goldene Wetterhähne thronen dank der wiederentdeckten Kapelle über Cully. In der reformierten Kirche Saint-Etienne in der Dorfmitte finden regelmässig klassische Konzerte statt.

60_Die KMD

Grosse Kunst im kleinsten Museum der Schweiz

Einen Museumsbesuch der ganz besonderen Art bietet die 2009 zu Ehren des französischen Konzeptkünstlers Marcel Duchamp gegründete Gesellschaft KMD am Ende des malerischen Platzes direkt am Seeufer. 2010 stellte sie dort zunächst ein von Mélanie Althaus entworfenes Minimuseum in Form eines Guckkastens auf, das 2016 durch die nach einem Entwurf des Künstlers Stefan Banz gebaute, kleine Kunsthalle ersetzt wurde. Das kapselförmige «kleinste Museum der Schweiz» misst mit seinen zwei Etagen nur 75 Zentimeter, ist auf einer Eisenstange montiert und will mit seiner Form aus emailliertem Kupfer und Glas die Signalleuchten imitieren, die rund um den See bei Unwettergefahr die Schiffer warnen.

Die Kunsthalle Marcel Duchamp (KMD) spielt auf das von Duchamp selbst als Miniaturmuseum oder tragbares Museum bezeichnete Kunstwerk «Schachtel im Koffer» an, das 69 speziell gefaltete Miniatur-Reproduktionen enthält. Stefan Banz, einst künstlerischer Leiter der Kunsthalle Luzern, war Museumsdirektor von internationalem Rang und organisierte bis zu seinem Tod 2021 zusammen mit der Künstlerin und Kunstprofessorin Caroline Bachmann fünf bis sieben Ausstellungen pro Jahr für die winzige Kunsthalle. Inzwischen erhalten sie sogar Anfragen von Künstlern aus aller Welt, die wie der Chinese Ai Weiwei, der Brasilianer Cildo Meireles, die Koreanerin Haegue Yang oder der in New York lebende Schweizer Künstler Ugo Rondinone gerne hier ausgestellt werden würden. Von Rondinone stammt das Kunstwerk «Feeling the Void and the Rhône» (dt. Die Leere und die Rhône spüren), das aus orangerotem Kies in der unteren Etage und einem blauen, die Rhône symbolisierenden Pferd aus Glas in der oberen Etage besteht. Da das Museum quasi sieben Tage die Woche rund um die Uhr geöffnet ist und die Kunst wortwörtlich bei Wind und Wetter ausgestellt wird, kommen hier auch museumsmüde Besucher voll auf ihre Kosten.

Adresse Kunsthalle Marcel Duchamp, Place d'armes am Quai de l'Indépendance, 1096 Cully | ÖV direkt neben der CGN-Anlegestelle Cully und vom Bahnhof Cully etwa 10 Minuten zu Fuss entfernt | Öffnungszeiten Informationen unter https://akmd.ch | Tipp Direkt neben dem Weinmuseum Lavaux Vinorama in Rivaz befindet sich der Forestay-Wasserfall, der Marcel Duchamp zu seinem Kunstwerk «Étant donnés» inspirierte.

61_Der Tour de Gourze

Ein kleiner Turm mit grosser Aussicht

Der würfelförmige Aussichtsturm auf dem 927 Meter hohen Mont de Gourze oberhalb der Gemeinde Riex, die sich inzwischen mit den Orten Villette, Grandvaux, Epesses und Cully zur Grossgemeinde Bourg-en-Lavaux zusammengeschlossen hat, misst selbst nur 10,5 Meter. Dennoch bietet er bei gutem Wetter einen fantastischen Panoramablick über die Weinberge des Lavaux zu seinen Füssen, den See, die französischen Alpen und über die Landschaft des Jura. Vermutlich hatten an dieser strategisch günstigen Stelle bereits die Römer einen Wachturm gebaut.

1279 wird an diesem Ort zum ersten Mal ein gut 15 Meter hoher Turm mit Namen Castrum Gurzi erwähnt. Dieser wird jedoch niedergerissen, als der Lausanner Bischof Peter von Oron 1320 in einem Konflikt von Ludwig II. von Savoyen besiegt wird, der gerade dabei ist, die Herrschaft des Hauses Savoyen auf die Waadt auszudehnen, und die Burgtvogteien Gourze und Villarzel erobert. Der Mailänder Jean de Canturio, Münzmeister des Lausanner Bischofs de Monthonay, erhält 1397 die Ruine des Turms als Lehen und baut ihn wieder auf. Als die Berner 1536 wieder die Regentschaft in der Waadt übernehmen, fordern sie von seinen Erben den Turm ein, um ihn als Hochwacht zu nutzen. Danach fällt der kleine Turm in Dornröschenschlaf, bis er ab 1878 von den umliegenden Gemeinden und ab 1910 vom Kanton Waadt wieder instandgesetzt wird. Er bekommt eine neue Öffnung und eine innenliegende Aussichtsplattform, zu der eine 1939 gebaute Treppe im Turminneren hinaufführt. Die weisse Pyramide auf dem Turm dient der trigonometrischen Vermessung.

Wer nach der Turmbesteigung hungrig ist, sollte unbedingt im kleinen, familiengeführten Restaurant La Tour de Gourze unterhalb des Turmes ein Käsefondue essen, denn für diese Käsespezialität ist der ansonsten einsame Ort mit der perfekten Aussicht schon seit 1922 weit über die Region hinaus bekannt.

Adresse Route de la Tour-de-Gourze 26, 1097 Bourg-en-Lavaux | ÖV vom Bahnhof in Cully mit dem Bus 282 bis nach Riex-Fontaine fahren, von dort dem ausgeschilderten Wanderweg etwa 80 Minuten bis zum Turm folgen | Anfahrt von Cully auf der Route de la Corniche Richtung Riex fahren, von dort weiter nach Grandvaux und dort auf der Chemin des Auges den Schildern Richtung Tour de Gourze folgen | Öffnungszeiten Restaurant: Di–Sa 10–23 Uhr, So 10–21 Uhr | Tipp «Die Tour de Gourze» ist eine als knapp zehn Kilometer langer, ausgeschildeter Rundweg konzipierte Wanderung mit Ausgangspunkt am Bahnhof von Cully. Infos unter www.alltrails.com.

62 Der Chariot Tardent

Vom Auszug Schweizer Winzer in die Ukraine

Der kleine, rostige Planwagen und die Handvoll Rebstöcke, die 2019 ein wenig zurückversetzt an der Hauptstrasse in Richtung See als Denkmal aufgestellt wurden, wirken recht unscheinbar, doch erinnern sie an die Schweizer Winzer, die 1822 von hier als Pioniere aufbrachen, um unter Zar Alexander I. eine Winzerkolonie in der heutigen Ukraine nahe Odessa zu gründen. Gut 100 Tage dauert die 2.137 Kilometer lange Reise mit Pferdewagen bis ans Schwarze Meer, die von dem aus Vevey stammenden Pflanzenbiologen Louis-Vincent Tardent geleitet wird. Dabei sind vier Weinbauern, deren Familien auch heute noch grosse Domänen im Lavaux besitzen (Guerry, Testuz, Chevalley, Petit).

Wölfe und Wegelagerer machen die Strassen unsicher, sieben Pferde sterben an Erschöpfung, doch die Schweizer Auswanderer machen sich trotz vieler Anfangsschwierigkeiten in Chabag (später Schabo) gleich an die Arbeit, gründen eine Kolonie und widmen sich hauptsächlich dem Weinbau. Während des Ersten Weltkriegs bekommt Shabo einen eigenen Bahnhof. Während des Zweiten Weltkriegs bleibt das von Stalin in die Sowjetunion eingegliederte Gebiet vor Deportationen und Verfolgungen ethnischer Minderheiten nicht verschont. Die meisten Schweizer Siedler fliehen in ihre alte Heimat. Doch Schabo bleibt für seinen Weinbau bekannt, der nach dem Sieg der Roten Armee allerdings lange staatlich gelenkt wird.

Heute gehört das 2003 privatisierte und mittlerweile ultramoderne Weingut «Shabo» dem Geschäftsmann Jukuridzé, der dort mittlerweile 1.100 Hektar Rebstöcke gepflanzt hat (mehr als im Lavaux mit seinen knapp 900 Hektar) und 25 Millionen Franken in sein Weinmekka investiert. Die Rebstöcke der Traube Telti-Kuruk (queue de renard) vor dem Planwagendenkmal von Hugo Schaer sind Jukuridzés Geschenk an die Gemeinde Chexbres und seine Hommage an die mutigen Schweizer Siedler, die seinem Land die Weinkultur gebracht haben.

Adresse Rue du Bourg 22, unterhalb des Caveau du Cœur d'Or, 1071 Chexbres | ÖV vom Bahnhof Chexbres 5 Minuten zu Fuss entfernt | Tipp In dem alten Weinkeller der Winzergenossenschaft von Chexbres direkt oberhalb des Denkmals finden an den Wochenenden häufig Livekonzerte statt. Programm unter www.coeurdor.ch.

63 Die Domaine Bovy

Beim Wein mit Freunden die Seele baumeln lassen

Bereits in der vierten Generation führen die Brüder Eric und Bertrand Bovy das Weingut inmitten der Weinbergterrassen des Lavaux. Ihr Weinkeller stammt aus dem 16. Jahrhundert. Grossvater Maurice hat die beeindruckenden Holzfässer, in denen 16 verschiedene Weine ausgebaut werden, liebevoll mit Szenen aus dem Winzerleben bemalt, sodass man sich hier fast in einem Museum wähnt. Dennoch lässt sich Eric als einer der Vorreiter des Önotourismus immer wieder neue Marketing-Ideen einfallen.

Als die Brüder das Weingut 1997 vom Vater übernehmen, der als Kommissionspräsident massgeblich für die Eintragung des Lavaux als UNESCO-Weltkulturerbe verantwortlich war, lassen sie zunächst einen grossen Wintergarten mit Panoramablick an das Haus anbauen und verwandeln sukzessive den daran angrenzenden Gemüsegarten der Familie in wunderhübsch bepflanzte Terrassen, auf denen der Wein gleich noch mal so gut schmeckt. Der fantastische Blick auf den See und die französischen Alpen vom «Balkon des Lavaux» machen seine Tapas-Abende, Degustationen und die vom DJ untermalten Electro- und Retro-Brunchs zu so beliebten Treffpunkten, dass man rechtzeitig reservieren sollte. Obwohl für 70 bis 80 Gäste auf den kleinen Terrassen Platz ist, wirken sie durch die geschickte Bepflanzung fast wie romantische Separees. Doch auch wenn sich Eric inzwischen manchmal schon wie ein «Beizer» (Wirt) fühlt, wollen sich die Winzerbrüder weiterhin allein auf ihre Weine konzentrieren und überlassen das Catering lieber dem befreundeten Unternehmen «La Gamme L» oder bieten einfach Brot und Käse aus den Dorfläden an.

Erics neuste Marketingidee ist ein kleines Weinspa, sodass man hier ab Sommer 2022 sprichwörtlich im Wein baden kann. In drei Igluzelten neben den Terrassen wird man sich dann nach dem Tresterpeeling mit Traubenkernöl massieren lassen können, um anschliessend in alten Kupferbadewannen mit Blick auf den See zu relaxen.

Adresse Domaine Bovy, Rue du Bourg de Plaît 15, 1071 Chexbres | ÖV vom Bahnhof Chexbres 5 Minuten zu Fuss entfernt | Öffnungszeiten Reservierung unter Tel. +41/21/9465125 oder info@bovy.ch, Degustationen täglich bis 18 Uhr, Do Tapas-Abende von Mitte April–Mitte Sept., im Sommer alle 2 Wochen So Brunch und viele andere Events unter www.bovy.ch | Tipp Für lange Winterabende empfiehlt sich ein Besuch des Programmkinos Cinéma de Chexbres (Rue du Bourg 9, www.cinechexbres.ch), das häufig außergewöhnliche Filme im Originalton im Programm hat.

64 Die Chasselas-Reben

Ein Konservatorium für eine Rebsorte

Wer hinauf nach Rivaz beziehungsweise in die kleinste Gemeinde des Waadtlandes wandert oder fährt, trinkt im Zweifel gerne ein Glas Chasselas-Wein, der an den Hängen des Genfersees bevorzugt angebaut wird. Der auf Deutsch Gutedel genannte Weisswein, aus dem sich das Terroir, die Lage und die Handschrift des Winzers besonders gut herausschmecken lässt und der hier auf 60 Prozent der etwa 10.000 kleinen, in die Steilhänge des Sees gebauten Terrassen angebaut wird, ist quasi die Visitenkarte des Waadtlands. Die Römer brachten die ersten Weinreben an den Genfersee, und Mönche bauten dort den ersten Wein an, sodass die Wissenschaft heute davon ausgeht, dass Winzer im Laufe der Zeit aus diesen Anfängen im Waadtland die Rebsorte Chasselas selektioniert haben.

70 Prozent der Gesamtfläche von Rivaz sind mit Rebstöcken bedeckt, die von 15 Winzerfamilien bewirtschaftet werden. Eine davon ist die Domaine Bovard, die in zehnter Generation in Familienbesitz ist. 2010 bepflanzte der Winzer Louis-Philippe Bovard zusammen mit der Forschungsanstalt Agroscope Changins-Wädenswil und der Fachstelle für kantonalen Weinbau oberhalb von Rivaz einen 3.000 Quadratmeter grossen Rebhang mit 19 verschiedenen Varietäten der Chasselas-Rebe, um die Vielfalt dieser Rebe zu erhalten – das weltweit erste Weinkonservatorium für den Chasselas war geboren. 2013 fand die erste Weinlese statt, denn von den am häufigsten genutzten Varietäten wurden gleich jeweils 400 Stöcke gepflanzt. Seitdem kann das Potential der Trauben auch aus önologischer und aromatischer Sicht miteinander verglichen werden.

Auch wer kein Weinexperte ist, kann hier vor allem ab Juli bis zur Weinlese, die meist Ende September stattfindet, die erstaunliche Vielfalt einer einzigen Rebsorte kennenlernen, denn die 19 verschiedenen Varietäten unterscheiden sich deutlich in punkto Blattform und Farbe und Form der Trauben.

Adresse Chemin des Cortheyses, 1071 Rivaz | **ÖV** CGN, Anlegestelle Rivaz, SBB S2, S3, Haltestelle Rivaz, Pfeile mit der Aufschrift «Conservatoire Mondial du Chasselas» führen zum Weinberg, und Tafeln erläutern dort die verschiedenen Varietäten. | **Anfahrt** entweder an der Route 9 am Lavaux-Vinorama parken und nach Rivaz hinaufwandern oder von der Route 9 nach Rivaz abbiegen und am Beginn des Dorfes parken | **Tipp** Am besten parkt man sein Auto unten am See gegenüber des Lavaux-Vinoramas und erklimmt die steilen Treppen neben dem eindrucksvollen Wasserfall hoch nach Rivaz. Das Vinorama, das die Geschichte des Weinanbaus im Lavaux dokumentiert und über 300 verschiedene lokale Weine im Ausschank hat, ist einen Besuch wert. Adresse: Route du Lac 2, 1071 Rivaz, Öffnungszeiten: auf www.lavaux-vinorama.ch/de.

65 Die Kirche Saint-Saphorin

Ein Gotteshaus mit geschichtsträchtigem Untergeschoss

In der gotischen Kirche führt hinter dem römischen Altar der Fortuna auf der rechten Seite eine enge und steile Treppe hinab zu den Ruinen einer römischen Villa, auf der an eben dieser Stelle der Bischof Marius aus Avanches um 590 das erste katholische Gotteshaus im Lavaux errichten liess. Er widmete es dem heiligen Symphorianus, dem die Gemeinde ihren Namen verdankt. Die gallorömische Villa war Teil des im 1. Jahrhundert nach Christus errichteten Dorfes Glerula, von dem ausser dem Altar auch ein Meilenstein mit einer Inschrift aus dem Jahr 47 erhalten ist, der in den Sockel einer der Eingangssäulen der heutigen Kirche eingelassen wurde. Dank erklärender Vitrinen kann man sich in dem niedrigen Untergeschoss der Kirche die Ausmasse des römischen Wohnhauses sehr gut vorstellen, das wie die gesamte Siedlung dem verheerenden Tsunami zum Opfer fiel, der 563 fast alle Orte an den Ufern des Genfersees zerstörte und dessen Zeitzeuge Bischof Marius war. In seiner Weltchronik berichtet er ausführlich vom Tauredunum-Bergrutsch, der riesigen Flutwelle und ihrer zerstörerischen Kraft. Auch die Überreste eines christlichen Mausoleums aus dem 5. Jahrhundert, das nach der Flutkatastrophe erneuert wurde, sind samt einigen Gebeinen im Untergeschoss der Kirche zu besichtigen.

Um den Vorgängerbau der heutigen Kirche ranken sich viele Legenden, doch vielleicht wollte Marius, inzwischen Bischof von Lausanne, mit seiner Kirche auch den Bau christlicher Siedlungen an den Ufern des Sees vorantreiben. Sébastien de Montfalcon, der letzte Bischof von Lausanne, liess 1520 die heutige Kirche mit dem markanten Turm bauen und erwarb gleichzeitig die Burg Glérolles am Seeufer, um hier eine Verteidigungslinie gegen die Berner zu errichten. 1536 musste er jedoch kurz nach der Fertigstellung der Kirche vor den Berner Vögten kapitulieren und die Kirche den Reformatoren überlassen.

Adresse Église de Saint-Saphorin, Ecke Chemin Neuf/Chemin du Mont, 1071 Saint-Saphorin | ÖV S-Bahn S 2, S 3 von Vevey bis Bahnhof Saint-Saphorin | Tipp Das geschichtsträchtige Schloss Glérolles wurde im 11. Jahrhundert unterhalb von Saint-Saphorin als Festung auf einen Felsen im Genfersee erbaut und im 13. Jahrhundert zur Burg erweitert. Heute beherbergt es das Weingut der Familie Trueb, die im Felsenkeller Weinproben anbietet und den Rittersaal für grössere Feste vermietet. Adresse: Route du Lac 27, Tel. +41/21/9462530, www.glerolles.ch.

66_La maison de Gilles

Wenn der Weisswein die Zunge löst

Sein Humor ist bissig und zeitlos. Im Text vom «Männerchor von Steffisburg» heisst es, die Herren sängen lauthals von Vögeli, Spätzeli, Wienerli und Mädeli, wenn es jedoch ums Vaterland ginge, so seien ihre Stimmen nicht mehr zu hören. Den Damen unterstellt er sogar beim Liebesspiel tugendhafte Gründlichkeit und weiss, dass den Männern nichts so viel Angst einjagt, wie ein wütender «Frauenverein». Seine Heimat – das Waadtland – kommt in den Liedern und Gedichten des 1895 in Montreux geborenen Sängers, Komponisten, Komikers und Schauspielers Jean Villard, alias Gilles, wesentlich besser davon, doch immer schwingt viel Humor und ein klein wenig Spott in seinen Texten mit. Von seinen Landsleuten heisst es in «Les Vaudois»: Gott habe zunächst die Weinberge am Genfersee und erst dann mit schwerem Kopf auch die Bewohner geschaffen, doch der hübsche Weisswein befreie diese schnell von ihren Komplexen.

Zuvor macht Gilles ab den 1920er Jahren in Paris Karriere, gründet dort das Kabarett Chez Gilles, komponiert für Edith Piaf und schreibt mit «La belle France» eine Hymne für die Résistance, bevor er 1940 vor der Besetzung von Paris durch die Nazis zurück in die Schweiz flieht und gleich darauf in Lausanne erst das Kabarett «Au Coup de Soleil» und 1955 das zweite Chez Gilles gründet. Jahrelang pendelt er zwischen Paris und Lausanne hin und her, bevor er sich 1976 von der Bühne verabschiedet. Die letzten 20 Jahre bis zu seinem Tod 1982 bewohnt Gilles ein kleines Haus im Herzen von Saint-Saphorin. Seine Witwe verfügt kurz vor ihrem Tod 2011, in diesem Haus eine Stiftung einzurichten, die sein Lebenswerk würdigt. 1994 schenkt die Gemeinde ihrem Ehrenbürger posthum einen eigenen Weinberg und lässt alljährlich den Grand Cru Jean Villard-Gilles abfüllen, dem Gilles sicherlich zu Lebzeiten gerne gehuldigt hätte, enden doch die meisten seiner Gedichte mit einem Hoch auf den lokalen Weisswein!

Adresse Fondation Jean Villard-Gilles, Ruelle Jean-Villard-Gilles 10, 1071 Saint-Saphorin | **ÖV** S-Bahn S 2, S 3 von Vevey bis Bahnhof Saint-Saphorin | **Öffnungszeiten** Besuch nach Anmeldung per E-Mail: info@fondationgilles.org möglich | **Tipp** Lust auf Kabarett? Mit internationalen und Schweizer Künstlern erweckt der Brummell Night Club die burlesken 1920er Jahre wieder zu neuem Leben. Adresse: Rue du Grand-Chêne 7, 1003 Lausanne, Tel. +41/21/3120920.

67 Der namenlose Brunnen

Wasser als sprudelnder Lebensquell

Macht man sich die Mühe, die Brunnen in den kleinen Dörfern des Lavaux zu zählen, wird man nicht nur aufgrund ihrer hohen Zahl und Vielfalt überrascht sein, sondern auch, dass die meisten von ihnen mit dem Schild «eau potable» (Trinkwasser) versehen sind. Viele dieser Brunnen werden mit dem Wasser aus dem Pays d'Enhaut gespeist, und viele sind über einer kleinen, aus dem Boden sprudelnden Quelle gebaut, so wie der namenlose Brunnen mit dem rechteckigen, steinernen Becken oberhalb der Kirche von Saint-Saphorin.

Die ersten dieser aus Stein gehauenen Brunnen tauchten im 16. Jahrhundert in der Schweiz auf – wie alt der Brunnen in den Weinbergen oberhalb des Dorfes ist, ist nicht belegt, vermutlich stammt er jedoch wie viele andere aus den dafür berühmten Steinbrüchen des Jura. Damals dauerte es Wochen, den Steinblock dem Berg abzutrotzen und anschliessend auszuhöhlen, um ihm seine Form zu geben. Brunnen ausserhalb der Stadtmauern sind selten, denn damit überliess man ja im Ernstfall die Hoheit über die sprudelnde Lebensquelle den Feinden. Auf der anderen Seite war es jedoch oft sehr aufwendig, Quellwasser bis zu einem günstiger gelegenen und vom Brunnenmeister des Ortes überwachten Brunnen zu leiten. Dorfbrunnen lieferten nicht nur das Trinkwasser, sie mussten vor allem funktional, das heißt gross genug sein, um auch als Viehtränke und als Waschplatz zu dienen und Löschwasser zu bevorraten. In den Winzerorten wurden darin zudem vor der Weinlese die Kiepen, Fässer und die Bretter der Holzpresse gewässert, daher unterstanden sie der strengen Kontrolle sogenannter Brunnenmeister, die vom Rang her den Bürgermeistern häufig gleichgestellt waren.

Der Brunnen von Saint-Saphorin gilt immer noch als Geheimtipp, um sich besonders mineralhaltiges Trinkwasser abzufüllen. Manche sprechen dem Wasser mit der gleichbleibenden Temperatur von 14 Grad sogar eine gewisse Heilwirkung zu.

Adresse Sentier les Rondes, 1071 Saint-Saphorin | ÖV S-Bahn S 2, S 3 von Vevey bis Bahnhof Saint-Saphorin, dann direkt hinter der Kirche dem Kreuzgang nach rechts folgen und etwa 5 bis 10 Minuten weiter den Weg steil nach oben gehen, bis der Brunnen im Weinberg auf der rechten Seite zu sehen ist | Tipp Ein paar Dörfer weiter steht in Riex zum Beispiel ein achteckiger Dorfbrunnen, der dazu gedacht war, möglichst viele Kiepen gleichzeitig vor der Weinlese wässern zu können.

68 Die Villa Le Lac

Le Corbusiers «Wohnmaschine»

Nur 64 Quadratmeter misst das kleine Haus, das der grosse Architekt Le Corbusier 1922/23 für seine pensionierten Eltern direkt am Seeufer vor den Toren Veveys baut. Und dennoch zeigt sich in dieser UNESCO-Welterbestätte (seit 2016) vielleicht am anschaulichsten sein lebenslanges Streben nach einer minimalen Wohnform, die sich an den Massen des menschlichen Körpers orientiert und die Umgebung als Teil der Architektur mit einbezieht. Le Corbusiers Eltern sollten dort mühelos ohne Dienstboten ihren Alltag verrichten und Gäste empfangen können, so ist der lang gezogene, nach Süden zum See orientierte Innenraum dank des elf Meter langen Fensters hell, und durch eine mobile Trennwand und Schrankbetten kann der Salon mit wenigen Handgriffen in ein Gästezimmer verwandelt werden. 1925, ein Jahr nach dem Einzug, stirbt Le Corbusiers Vater, doch seine Mutter bewohnt das Haus, bis sie 1960 im Alter von 101 Jahren stirbt.

Der einstöckige Flachbau besitzt einen Dachgarten mit Terrasse, der durch eine Aussentreppe erreichbar ist. Der kleine Garten ist wie ein Klosterhof von einer hohen, zehn Meter langen Mauer umschlossen, die durch eine rechteckige Öffnung im Süden durchbrochen wird. So wird die Landschaft zum Bild und der Garten zur grünen Erweiterung des Innenraums. 1931 wird die teilweise undichte Fassade durch eine Aussenhaut aus galvanisiertem Eisenblech geschützt, ein über die Aussentreppe zu erreichendes weiteres Zimmer im Obergeschoss angebaut und eine der Grundstücksbefriedung dienende Mauer zur Strasse hin errichtet.

1960 gründet Le Corbusier mangels Erben eine Stiftung, um sein Gesamtwerk zu erhalten und der Öffentlichkeit zugänglich zu machen. Ehrenamtliche Mitarbeiter der Stiftung betreuen die zum Museum umfunktionierte Villa und helfen Besuchern gerne, die vielen kleinen Details, die Besonderheiten der Farbgebung, die freie Grundrissgestaltung und das architektonische Konzept zu entdecken.

Adresse Villa Le Lac, Route de Lavaux 21, 1802 Corseaux | ÖV Trolleybus 201 oder S 7, Haltestelle Vevey-Funi | Öffnungszeiten Fr–So 11–17 Uhr | Tipp Die auf Möbel, Leuchten und Kunst des 20. Jahrhunderts spezialisierte Galerie Kissthedesign in Lausanne stellt auch Möbel und Gebrauchsgegenstände Le Corbusiers aus. Adresse: Avenue de Rumine 4, 1005 Lausanne, Öffnungszeiten: Mi–Fr 10–18 Uhr, Sa 10–17 Uhr.

69 Der Plein Ciel

Ein Fernsehturm zum In-die-Ferne-Sehen

Da der 1.080 Meter hohe «Pilgerberg», der sich im Norden der Stadt Vevey erhebt, quasi als ihr Hausberg gilt, ist es wenig verwunderlich, dass auf dem Südhang bereits 1900 eine Standseilbahn bis zu einer 810 Meter hohen Bergstation gebaut wurde, um die sich schnell Hotels und Restaurants ansiedelten. Seine runde Form verdankt der Berg der dicken Eisdecke des Rhônegletschers, die ihn während der Eiszeiten sanft geschliffen hat.

Auf dem bis 600 Meter hoch mit Weinstöcken bedeckten Südhang, der zur Gemeinde Chardonne gehört, endet der Weinbergwanderweg durch das Lavaux. Auf der Terrasse der ehemaligen Klinik Mon Repos (heute Hotel Le Mirador Kempinski), nur wenige Schritte von der Bergstation entfernt, genoss der französische Komponist Maurice Ravel 1934 die fantastische Aussicht. 1947 versammelte der Ökonom August von Hayek dort 36 Gesinnungsgenossen aus Wirtschaft und Wissenschaft, um kurz nach den beiden Weltkriegen wirtschaftsliberales Gedankengut wieder salonfähig zu machen. Der so entstandenen Mont Pèlerin Society gehören heute als Knotenpunkt neoliberaler Netzwerke 6.000 Mitglieder aus aller Welt an.

Von der Bergstation der Standseilbahn kann man in etwa anderthalb Stunden zum Gipfel des Mont-Pèlerin mit dem 122 Meter hohen, in den 1970er Jahren errichteten Fernsehturm wandern, der auch als Aussichtsturm mit Panoramaaufzug konzipiert wurde. Von seiner 64 Meter hohen Aussenplattform geniesst man einen einzigartigen Rundblick auf das Juragebirge, den Genfersee und die Alpen. Über der Besucherplattform ragt ein 58 Meter langer Antennenmast in die Höhe, an dem die Sendeantennen befestigt sind. Alternativ kann man mit dem Auto bis zu einem Parkplatz an der Chemin du Sommet fahren, von dem es nur noch 1,4 Kilometer zu Fuss bis zum Fernsehturm sind. Im Winter ist der Aufzug zwar geschlossen, bei Schnee bietet der kleine Berggipfel jedoch perfekte Rodelbedingungen.

Adresse Fernsehturm Plein Ciel, Chemin du Sommet 24, 1801 Mont-Pèlerin | ÖV von der Bergstation der Standseilbahn den Schildern folgen | Öffnungszeiten Panoramaaufzug April–Okt. täglich 9–18 Uhr, bei Windgeschwindigkeiten über 45 Kilometer pro Stunde wird die Aussichtsplattform geschlossen | Tipp Beim Abstieg lohnt ein Besuch im tibetischen Hochschulinstitut und buddhistischen Kloster Rabten Choeling, in dem Gäste immer willkommen sind. Adresse: Chemin Derochoz 2, 1801 Mont-Pèlerin.

70 Chaplins Grabstätte

Eine bühnenreife Sargentführung

Als der berühmte Schauspieler, Komiker und Filmemacher Charlie Chaplin Weihnachten 1977 in seiner Villa Manoir de Ban oberhalb von Vevey einem Schlaganfall erlag, beerdigte ihn seine Familie auf dem nahegelegenen Friedhof von Corsier-sur-Vevey. Was dann folgte, war eigentlich filmreif, schaffte es aber immerhin auf die Theaterbühne, denn der österreichische Schriftsteller Martin Kolozs schrieb darüber das Bühnenstück «Kidnappin' Chaplin», das 2008 uraufgeführt wurde.

In der Nacht vom 1. auf den 2. März 1978 schlichen sich zwei Männer auf den Friedhof, öffneten das Grab und entführten den Sarg mit dem Leichnam. Kurz darauf ging eine Lösegeldforderung von 600.000 Schweizer Franken bei der Witwe Chaplins ein. Die Witwe hielt die Erpresser hin und schaltete die Polizei ein, die die Anrufe zu einer der Lausanner Telefonzellen zurückverfolgen konnte und daraufhin sämtliche der 200 Telefonzellen Lausannes überwachte. Es kam zu einer vorgetäuschten Geldübergabe, zu der Oona Chaplin und Tochter Geraldine im Rolls-Royce fuhren, in dessen Fussraum sich zu ihrem Schutz ein Polizist versteckt hatte. Der Täter, ein 24-jähriger, arbeitsloser Bulgare namens Ganev, konnte so zwar gefasst werden und die Polizei im Anschluss zu dem Acker führen, auf dem er den Sarg verbuddelt hatte. Da er sich an die genaue Stelle allerdings nicht mehr erinnerte, konnte man den Sarg nur mit Hilfe von Metalldetektoren finden. Ganev und sein Kompagnon gingen für viereinhalb Jahre ins Gefängnis, und die Witwe liess den Sarg mit dem Leichnam ihres Mannes dieses Mal vorsorglich mit einer zwei Meter dicken Betonschicht bedecken.

Ganev hatte sich übrigens für die Entführung einer Leiche entschieden, weil ihm das Kidnappen eines lebendigen Menschen zu aufwendig und zu teuer erschien. Einem echten Entführungsopfer hätte er ja bis zur Lösegeldübergabe Kost und Logis bieten müssen.

Adresse Cimetière de Corsier-sur-Vevey, Sur le Crêt 3, 1804 Corsier-sur-Vevey | **ÖV** Bus 212 oder S 7 bis Haltestelle Vevey-Funi und von dort 3 Minuten zu Fuss (auf der gegenüberliegenden Strassenseite ist der Weg die Strasse hinauf mit «cimetière» ausgeschildert) | **Öffnungszeiten** rund um die Uhr | **Tipp** Für Charlie-Chaplin-Fans lohnt unbedingt ein Besuch in seiner nahe gelegenen, zum Museum «Chaplin's World» umgebauten Villa, in der er von 1953 bis zu seinem Tod 1977 lebte. Adresse: Route de Fenil 2, 1804 Corsier-sur-Vevey, Öffnungszeiten: auf www.chaplinsworld.com/de.

71 Le petit port Eiffel

Der private Hafen des Gustave Eiffel

Vier Jahre nach der Pariser Weltausstellung, auf der er seinen berühmten Turm präsentiert, erwirbt Gustave Eiffel 1893 eine grosszügige Villa direkt am Seeufer im Westen Veveys. Kurz zuvor hatte er sich aus seinem Pariser Ingenieurbüro zurückgezogen und seinem engsten Mitarbeiter, dem Schweizer Ingenieur Maurice Koechlin, auf dessen Konstruktionsidee der Eiffelturm beruht, seine Firma überlassen. Sicherlich ist es auch Koechlin zu verdanken, dessen Ehefrau aus Vevey stammt, dass sich sein Chef so für die Landschaft des Genfersees begeistert. Eiffel tauft seinen Landsitz nach seinen Töchtern zunächst «Villa Claire» und später «Villa Valentine». Ausserdem erwirbt er im gleichen Jahr die 1882 in Liverpool gebaute private Dampfmotoryacht «Walkyrie» und lässt dafür vor seiner Villa einen kleinen privaten Hafen bauen. Eiffel nutzt die 19 Meter lange, 3,4 Meter breite und 28 Tonnen schwere Motoryacht, um beispielsweise im Rhônedelta auf Entenjagd zu gehen. Nach seinem Tod wechselt die «Walkyrie» mehrfach den Besitzer. 1925 wird der Dampfantrieb durch einen Dieselmotor ersetzt, und zwischen 1976 und 1999 betreibt Jacques Naef damit für die Genfer Universität Forschungsarbeiten zum Planktonbewuchs im See. 2015 wird die «Walkyrie», die inzwischen dem Genfer Bankier Charles Pictet gehört, in der CGN-Werft in Ouchy erneut aufwendig restauriert und wieder zu Wasser gelassen. Die «alte Dame» gilt seitdem als die älteste fahrtüchtige Motoryacht der Schweiz.

Eiffels Villa ereilt ein traurigeres Schicksal. Nach seinem Tod wird sie vom benachbarten Grand-Hôtel erworben, das jedoch 1957 niederbrennt. Die Firma Nestlé erwirbt das Grundstück, um ihren Firmensitz zu erweitern und reisst die Villa im Zuge der Umbauarbeiten 1978 ab. Heute weist nur noch eine Gedenkplakette im kleinen Hafenbecken auf den berühmten Ingenieur hin, der in Vevey seinen Ruhestand verbrachte.

Adresse Le petit port, Route de Lavaux 19, 1802 Corseaux | **ÖV** Trolleybus 201 oder S 7 bis Haltestelle Vevey-Funi, links vom Eingang des Schwimmbads Vevey-Corseaux-Plage führt ein kleiner Fussweg direkt zum Hafen | **Tipp** Die 1891 bis 1892 gebaute, überdachte Markthalle in Montreux ist nicht nur den berühmten Markthallen von Paris nachempfunden, die Metallkonstruktion stammt auch aus der gleichen Pariser Schmiede, die die Bauteile für den Eiffelturm fertigte. Hier findet dienstags und freitags ein Wochenmarkt statt. Adresse: Marché Couvert, place du marché, 1820 Montreux.

72 Das Palais Nestlé

Das Nest des grössten Schweizer Unternehmens

Der mit Preisen ausgezeichnete Entwurf des Hauptsitzes der Nestlé-AG ist wohl das bedeutendste Werk des Genfer Architekten Jean Tschumi. 1958 wird das Y-förmige Bürogebäude am Ausgang von Vevey Richtung Lausanne und Genf nach seinen Plänen und eigens dafür neu entwickelten Bauverfahren direkt am See gebaut und gilt seitdem als eines der Wahrzeichen der Stadt. Die drei auf einem Pilotis scheinbar schwebenden Flügel, deren jeweils innere Ecken abgerundet sind, laufen auf ein gemeinsames Zentrum zu, in dessen Innern sich zwei Treppen wie in einer Doppelhelix spiralförmig nach oben winden und die ursprünglich fünf Geschosse miteinander verbinden. Pilotis, also die offene und sichtbare Pfeilerkonstruktion eines Erdgeschosses, war in den 1920er Jahren vom Schweizer Architekten Le Corbusier zum Bau «schwebender Gebäude» neu definiert worden. Die inzwischen aufwendig sanierte Fassade besteht nach wie vor aus über 1.000 türkisgrünen, dem geschwungenen Verlauf des Ypsilons angepassten Fensterelementen.

1966 wählt der deutsche Regisseur Rolf Thiele Vevey als Kulisse für seine Filmadaption des Romans «Grieche sucht Griechin» von Friedrich Dürrenmatt, in der Heinz Rühmann in der Hauptrolle als Arnolph Archilochos zu sehen ist. Vielleicht kommt es nicht von ungefähr, dass Thiele für die Verfilmung der pikanten Komödie ein Grossraumbüro des Nestlé-Hauptsitzes zum Arbeitsplatz von Archilochos umfunktioniert, nämlich zu einer Atomkanonen- und Geburtszangenabteilung, in der der Grieche vom Unterbuchhalter eines Unterbuchhalters dank seiner Liaison mit der stadtbekannten Prostituierten Chloé zum Generaldirektor aufsteigt. Die letzte Szene des Films – die Zerstörung der Villa Chloés – wurde übrigens auf der Île de Salagnon in Clarens gedreht.

Den besten Blick auf den Nestlé-Gebäudekomplex und den 2008 hinzugekommenen, runden Anbau hat man vom Mont Pèlerin aus.

Adresse Avenue Nestlé 55, 1800 Vevey | ÖV Trolleybus 201, Haltestelle Vevey-Bergère | Tipp Vom Parkplatz des Nestlé-Hauptsitzes aus kann man schon den historischen Sprungturm sehen, daneben befindet sich das dazugehörige, allerdings inzwischen sanierte historische Olympia-Schwimmbecken (50 Meter mal 20 Meter) direkt am See. Beides ist heute Teil der modernen Schwimmbadanlage Vevey-Corseaux-Plage, deren Schwimmverein gerade sein 100-jähriges Bestehen gefeiert hat. Adresse: Route de Lavaux 19, 1802 Corseaux.

73 Die Tours de Gilamont

Vom Ghetto zum neuen Wahrzeichen der Stadt

Aufgrund des stetig wachsenden Bedarfs an Sozialbauwohnungen liess die Gemeinde Vevey Ende der 1960er Jahre im Norden der Stadt im Viertel Gilamont zwei Wohnhochhäuser errichten, um mit den Tours de Gilamont Nummer 65 und 67 auf jeweils 14 Stockwerken bezahlbaren Wohnraum für einkommensschwache Familien zu bieten. Die beiden baugleichen, an einer der Hauptverkehrsachsen der Stadt gelegenen Wohntürme sind bereits von der Autobahn aus sichtbar, daher konnte man schon von Weitem sehen, wie sich die aus der Stadtbegrünung herausragenden weissen Klötze und einst modernen Zwillingstürme im Laufe der Zeit in einen unansehnlichen und maroden Schandfleck verwandelten. Ende der 1990er Jahre stellte sich daher für die Stadtverwaltung die Frage: abreissen oder sanieren?

Man entschied sich für Letzteres, stellte 20 Millionen Franken zur Verfügung und beauftragte das Architekturbüro Partick Chiché mit der Umsetzung. Chiché brachte die beiden Gebäude nicht nur auf den neuesten Stand nachhaltigen Bauens unter Verbesserung der sozialen Komponente, sondern verhalf ihnen auch zu einer starken visuellen Identität, indem er ihre Optik in einen Dialog aus einer weissen und schwarzen Fassade nach dem Ying-und-Yang-Prinzip verwandelte. Schnell erkannte man, dass diese Farben auch auf Charlie Chaplin anspielen, der die letzten 20 Jahre seines Lebens in Vevey verbracht hatte (siehe Ort 70), und so wurde der Künstler Franck Bouroullec – ebenfalls in Vevey beheimatet – mit Entwürfen für riesige Fassadenbilder als Hommage an Chaplin beauftragt, die nun seit 2011 die beiden Wohntürme schmücken. Die rundum sanierten Zwillingstürme mit den liebevoll gestalteten Wandmalereien, hinter denen sich ein ausgeklügeltes Isolationssystem versteckt, präsentieren sich seitdem als neues Wahrzeichen an der Hauptzufahrt zur Stadt und machen gleichzeitig auf einen der wohl bekanntesten Ehrenbürger Veveys aufmerksam.

Adresse Avenue de Gilamont 65 und 67, 1800 Vevey; den besten Blick auf die Wandmalereien hat man von einem etwas höher gelegenen Aussichtspunkt: dem entsprechend als «point of interest» ausgeschilderten Parkplatz des Gebäudes Avenue de Gilamont 66 unter dem Viaduc de Gilamont | ÖV Bus 215 bis Haltestelle Gilamont | Tipp Mehr Charlie Chaplin findet sich überall in Vevey, aber das beliebteste Fotomotiv ist sicherlich die vom britischen Bildhauer John Doubleday geschaffene, lebensgrosse Bronzestatue von «Charlot» mit Melone und Spazierstock am Quai von Vevey. Adresse: auf der Rasenfläche am Seeufer des Quai Perdonnet 31, Ecke Rue de l'Hôtel-de-Ville, 1800 Vevey.

74 Santa Barbara

Viel Gold für das Grab der Tochter

Genf besass bereits seit 1866 eine orthodoxe Kirche, doch angesichts der wachsenden Begeisterung russischer Aristokraten, Künstler, Revolutionäre und Studenten für den Genfersee ab Mitte des 19. Jahrhunderts war es nicht verwunderlich, dass der russische Graf Pjotr Chouvalov Vevey 1873 eine orthodoxe Votivkirche stiftete. Zuvor hatte er bereits 1870 einen Brief nach Sankt Petersburg geschrieben und für Vevey den Altar einer 1848 geschlossenen Kirche in Bern erbeten. 1872 war eine seiner Töchter, die Gräfin Barbara Petrovna, in La Tour-de-Peilz bei der Geburt ihrer Tochter Maria gestorben, worauf sich Chouvalov bei Zar Alexander II. die Genehmigung für den Bau einer Kirche in Vevey erbat, um sie in Erinnerung an seine Tochter dem Martyrium der heiligen Barbara zu widmen und um seine Barbara auf orthodoxem Boden bestatten zu können. Und er liess sich dabei keineswegs lumpen, denn die Baukosten beliefen sich auf eine Million Goldfranken. 1878 wurde die opulent und mit vielen Ikonen ausgestattete weisse Kirche mit der goldenen Kuppel im Rahmen einer pompösen Feier eingeweiht, doch die Autoritäten Veveys verweigerten dem Grafen hartnäckig die Verlegung des Sargs seiner Tochter und seiner Enkelin vom Gemeindefriedhof in die Kirche. Erst als Barbaras Grabstätte 1950 aufgelöst wird, lässt der Bischof von Genf ihre sterblichen Überreste in der von Chouvalov geplanten und seit einem Dreivierteljahrhundert vakanten Gruft hinter dem Chor der Kirche beisetzen und erfüllt damit posthum den Wunsch des trauernden Vaters.

Als 2018 die Kirchenfassade restauriert wird, um den 140. Jahrestag ihrer Einweihung zu feiern, greift man ebenfalls tief in die Tasche, denn allein für Kuppel und Kreuz, die eine zum Himmel aufsteigende und die Welt erleuchtende Flamme symbolisieren, bedarf es 9.000 quadratischer Goldblätter à 20.000 Franken, für die hauptsächlich die Kirchengemeinde aufkommen musste.

Adresse Rue des Communaux 12, 1800 Vevey | ÖV zu Fuss etwa 5 Minuten vom Bahnhof Vevey | Tipp 2009 wurde am Quai Perdonnet eine Bronzestatue des ukrainischen Künstlers Anatoliy Valiev zu Ehren Nicolai Gogols eingeweiht, der 1936 in Vevey an seinem Buch «Die toten Seelen» gearbeitet hat. Adresse: Quai Perdonnet (die Statue steht auf der Rasenfläche gegenüber der Rue de l'Hôtel-de-Ville), 1800 Vevey.

75 Der folkloristische Markt

Waadtländer Folklore zum Anbeissen

Allein schon der Grand Place, auf dem zweimal pro Woche Markt abgehalten wird, ist in Vevey einen Besuch wert, denn er gilt als einer der grössten in Europa und dank seiner Öffnung und dem sanften Gefälle zur Seeseite hin schweift der Blick unwillkürlich immer wieder zum Wasser und den Bergen. Am anderen Ende des Platzes steht die Grenette, ein ehemaliger, 1808 errichteter Kornspeicher, dessen Dach von 18 Marmorsäulen getragen wird und der heute als überdachte Markthalle genutzt wird. Von Anfang Juli bis Ende August verwandelt sich hier seit über 40 Jahren der Samstagsmarkt in ein folkloristisches Fest. Viele Händler tragen traditionelle Kostüme, und zu dem Angebot hauptsächlich regionaler Produkte wie Käse, Obst und Gemüse, Backwaren, Fleisch und Fisch gesellen sich kleine Imbissbuden und Kunsthandwerker, die ihre Waren präsentieren. Hier findet man, meist sehr liebevoll dargeboten, die ganze Bandbreite lokaler Spezialitäten. Häufig spielen kleine Musikgruppen oder Alphornbläser auf, manchmal wird sogar getanzt. Unter dem Dach der Grenette schenken Winzer der Region ihre Weine aus, um für sich zu werben. Kauft man sich hier im dichten, fröhlichen Gedränge an einem der langen Tische eines der Weingläser, die jede Woche mit einem neuen Motiv verziert sind, kann man es sich dort oder an den kleinen Rollwagen, die von jungen Winzern durch die Marktgassen gezogen werden, immer wieder auffüllen lassen, um unterschiedliche Weine zu verkosten. Wer Lust hat und einen Platz ergattert, setzt sich mit seinem Glas und einem kleinen Käse-Ramequin, einer waadtländischen Spezialität, zu den einheimischen Marktbesuchern auf die Stufen der Grenette und sieht dem bunten Treiben zu.

Jeden Dienstag und jeden zweiten und vierten Samstag im Monat findet unter der Grenette zusätzlich ein Flohmarkt statt, an dessen Ständen man neben dem üblichen Trödel häufig auch hübsche Souvenirs aus Chalet-Auflösungen findet.

Adresse Grande Place, 1800 Vevey | ÖV vom Bahnhof Vevey etwa 5 Minuten zu Fuss, CGN, Anlegestelle Vevey-Marché | Öffnungszeiten Markt: Di 6.30–13.30 Uhr und Sa 6.30–14 Uhr, «marché folklorique» jeweils Sa Juli–Aug. | Tipp Wer das frische Marktangebot schätzt, findet im Café littéraire gleich um die Ecke eine täglich wechselnde Speisekarte, die sich komplett am lokalen und saisonalen Angebot orientiert und die entsprechenden Quellen benennt. Ausserdem werden hier Lesungen, Poetry-Slam-Abende, philosophische Debatten und andere literarische Events organisiert. Adresse: Quai Perdonnet 33, 1800 Vevey, Öffnungszeiten: Di–Do 9–22 Uhr, Fr und Sa 9–24 Uhr, So 10–22 Uhr.

76 Das Kameramuseum

Blickschulung für die Fotografie

Seit über 40 Jahren kann man sich in dem Museum hinter der historischen Fassade der Geschichte der Fotografie nähern – von den allerersten Lichtbildern, über die ersten bewegten Bilder bis hin zur digitalen Fotografie – und dabei auch eine fantastische Sammlung historischer Kameras und Apparate bewundern.

Die kleinen Ausstellungsräume auf unterschiedlichen Ebenen vermitteln den Eindruck eines Labyrinths, was daran liegt, dass das Museum ab 1989 erst in einer kleinen Gasse hinter dem Marktplatz untergebracht war, bis es dort aus allen Nähten platzte und 2001 dank einer historischen unterirdischen Passage mit dem schmalen Gebäude am Marktplatz verbunden wurde, in dem sich heute der Haupteingang befindet. Anlass für die Museumsgründung war eine Ausstellung rund um die Geschichte der Fotografie, die in der Stadt Vevey 1971 viel Aufmerksamkeit erregte und der französischen Schweiz zum ersten Mal Einblick in die vom Schweizer Ehepaar Michel und Michèle Auer zusammengetragene grösste Privatsammlung der Fotogeschichte gewährte. So sind viele der Ausstellungsstücke auch Leihgaben der beiden Fotografen und Fotohistoriker, von der ersten transportablen Camera obscura über die Laterna magica sowie Lithographien des Urvaters der Fotografie Nicéphore Niépce, die den Beginn der chemischen Experimente zur Fixierung des fotografischen Bildes zeigen.

Neben dieser Dauerausstellung im vorderen Gebäude, die die Geschichte der Kameraentwicklung aller Epochen sehr anschaulich und interaktiv dokumentiert, gibt es Sonderausstellungen, ein Fotolabor, in dem man selbst Bilder entwickeln kann, eine riesige Camera obscura und natürlich jede Menge Aufnahmen, die die Geschichte der Fotografie bildlich erfahrbar machen und Einblick in das Schaffen berühmter Fotografen geben. Für die Dauerausstellung stehen Audioguides (auch in Deutsch) zur Verfügung, die man sogar als App herunterladen kann.

Adresse Grande Place 99, 1800 Vevey | ÖV vom Bahnhof Vevey etwa 5 Minuten zu Fuss, CGN, Anlegestelle Vevey-Marché | Öffnungszeiten Di–Fr 11–17.30 Uhr, Informationen unter www.cameramuseum.ch | Tipp Noch mehr Fotogeschichte und ein grossartiges Archiv bietet die vom Ehepaar Auer gegründete Stiftung Auer Ory für Fotografie bei Genf. Adresse: Rue du Couchant 10, 1248 Hermence.

77 Die Gabel

In den See und in das Herz der Stadt gestochen

Die vom Schweizer Bildhauer Jean-Pierre Zaugg geschaffene, acht Meter hohe und 1,3 Meter breite Gabel aus Edelstahl wurde 1995 zur Feier des zehnjährigen Jubliäums des Alimentariums für ein Jahr im See vor dem Lebensmittelmuseum aufgestellt. Es wirkte, als habe ein Riese sie dort in den Seegrund gerammt.

Nach Ablauf des Jahres hatten die Bewohner Veveys ihre Gabel zwar liebgewonnen, durften sie aber nicht behalten, denn das Museum hatte keine gesetzliche Erlaubnis zur definitiven Aufstellung eingeholt, und trotz Unterstützung der Stadt Vevey verweigerte der Kanton Waadt der im Guinnessbuch der Rekorde eingetragenen grössten Gabel der Welt den Verbleib im See. Es war, als würde der Riese die Gabel wieder aus dem Wasser ziehen, um sie in den Park einer Luzerner Besteckfabrik zu verpflanzen.

2007 war die Sonderausstellung des Alimentariums «Bestecke entdecken» Anlass, die Gabel wieder zurück in den See zu holen. Dieses Mal reichten Stadtverwaltung und Bürger Veveys gemeinsam eine Petition beim Kanton ein, mussten aber noch über ein Jahr lang bangen, bis sich die Kantonsregierung entschied, die Gabel als Teil der Landschaft des Genfersees zu werten und ihr ein uneingeschränktes Bleiberecht vor dem Ufer des Quai Perdonnet einzuräumen. So wurde die Gabel schliesslich im September 2009 endlich feierlich eingeweiht.

Für Zaugg, den ehemaligen Pop-Art-Künstler, der sich in den 1970er Jahren dem Buddhismus zugewandt hatte, ist jedes Objekt viel mehr als reine Materie, sondern eher ein Ereignis, dem ein versteckter Sinn innewohnt. Er wird sich gefreut haben, dass seine Gabel nicht nur fester Bestandteil des Landschaftsbildes der Schweizer Riviera geworden ist, sondern jeder Betrachter seinen eigenen Sinn darin entdecken kann, und sei es nur die Lust auf ein Picknick am See. Dafür hat die Gemeinde rund um die Gabel extra Stühle auf den grossen Steinen der Uferbefestigung installieren lassen.

Adresse Quai Perdonnet 25, gegenüber des Musée Alimentarium, 1800 Vevey | ÖV Trolleybus 201, Haltestelle Vevey St-Claire, Bootsanlegestelle CGN Vevey-Marché | Tipp Das vis-à-vis gelegene Alimentarium widmet sich der Ernährung in all seinen Facetten und bietet dazu auch alle möglichen Kochworkshops, sonntägliche Brunchs und andere Veranstaltungen an. Öffnungszeiten: Di–So 10–18 Uhr.

78_Le Dépôt

Wer suchet, der findet es hier

Seit über 25 Jahren sammelt der gelernte Polsterer und Möbelrestaurator David Corminboeuf Antiquitäten, alte Teppiche, Trödel und Kuriositäten – eine Leidenschaft, die ihm in den Genen steckt, denn das Aufpolstern alter Möbel hat er in der Werkstatt seines Vaters in Vevey gelernt. Erst als der Vater 2009 stirbt, wird ihm bewusst, dass die gemeinsame Sammelleidenschaft dazu geführt hat, dass in seinen Depots Hunderte von Antiquitäten in Vergessenheit geraten sind. 2019 beschliesst der mittlerweile 50-Jährige daher, eines der Möbellager - die riesige, in seinem Besitz befindliche Scheune eines 1850 gebauten Bauernhofs oberhalb von Vevey - mit Hilfe von Freunden so zu entkernen und herauszuputzen, dass sie die perfekte Kulisse bietet, um dort im Sommer 2020 einen mehrstöckigen Trödel- und Antiquitätenladen zu eröffnen.

In den drei Stockwerken des alten Heuschobers und Viehstalls haucht inzwischen eine befreundete Dekorateurin vielen der alten Schätze neues Leben ein, indem sie Vintage-Möbel und historisch wertvolle Fundstücke so geschickt kombiniert, dass gemütliche und einzigartige Wohnlandschaften entstehen. Daher bieten David Corminboeuf und Alexandra Bertschy auch gleich den Service einer kompletten Innenraumdekoration oder Wohnungseinrichtung mit an. Zudem vermieten sie ihre Möbel und Objekte an Schaufensterdekorateure oder als Accessoires, um beispielsweise Hochzeitsfeiern und Partys im wahrsten Sinne des Wortes aufzumöbeln. Nur 800 Meter entfernt befindet sich in Fenil-sur-Corsier ein weiterer Showroom, in dem man nach telefonischer Voranmeldung über 600 Orientteppiche und ebenso viele Gemälde von teilweise namhaften Schweizer Künstlern aus Davids Sammlung besichtigen und erstehen kann.

Wer das Le Dépôt besucht, sollte viel Zeit mitbringen, denn es gibt unendlich viel zu entdecken, und David weiss zu all seinen Schätzen etwas zu erzählen.

Adresse Chemin de Bendes 10, 1806 Saint-Légier | ÖV vom Bahnhof Vevey Bus 215 bis Haltestelle Saint-Légier, Grangette und von dort 1,3 Kilometer zu Fuß (circa 20 Minuten) | Öffnungszeiten Mi–Fr 13–18 Uhr, Sa und So 10–18 Uhr, Tel. +41/79/2790274 | Tipp An den Markttagen (Di und Sa) findet in Vevey unter dem Dach der Grenette ein Flohmarkt statt, bei dem Liebhaber alter Schätzchen ebenfalls voll auf ihre Kosten kommen. Adresse: Grande Place, 1800 Vevey.

79 Das öffentliche Seebad

Baden nach Geschlechtern getrennt

Eingebettet in die Hafenmauer von La-Tour-de-Peilz und verdeckt vom imposanten Schloss aus dem 13. Jahrhundert, befindet sich das Bain des Hommes (das Männerbad), das im Prinzip nur aus einem handtuchbreiten betonierten Gürtel auf der Uferbefestigung, einer Leiter in den See und ein paar in die Kaimauer geschlagenen Haken zum Aufhängen der Kleidung besteht. Mit gebührendem Abstand liegt seit Beginn des 20. Jahrhunderts auf der anderen Seite des verwinkelten Hafenbeckens, durch die hohe Mauer zur Uferpromenade und durch Kaimauern zu beiden Seiten hin geschützt vor unzüchtigen Blicken, das etwas grosszügigere Bain des Dames (das Damenbad), das sogar über ein paar Umkleidekabinen und einen winzigen Kiesstrand verfügt. Mittlerweile sind auch noch eine kleine Liegewiese, eine Dusche und ein Grillplatz hinzugekommen.

Im 19. Jahrhundert war das öffentliche Baden in den Städten am See strikt verboten. Wer Ende des 19. Jahrhunderts in La Tour-de-Peilz im See baden wollte, musste sich in einer geschlossenen Kabine ins Wasser hineinrollen lassen – ein Service, den vor allem die ersten Luxushotels ihren Gästen anboten. Dem boomenden Fremdenverkehr ist es letztlich auch zu verdanken, dass man heute fast überall nach Lust und Laune im See baden darf. Während der Weltkriege brach der zuvor blühende Tourismus an der Riviera stark ein, sodass man, als sich die endlich zahlreich wiederkehrenden englischen Touristen in den 1950er Jahren über das getrennte Baden in La Tour-de-Peilz mokierten, entschied, die beiden Bereiche allen Badewilligen zugänglich zu machen.

Bedenkt man, dass in der Schweiz das Frauenwahlrecht erst 1971 eingeführt wurde und im Kanton Appenzell Innerrhoden aufgrund einer Klage von Frauen und entgegen dem Mehrheitsentscheid der Männer sogar erst 1990, kommt einem das gemeinsame Baden im Genfersee seit den 1950er Jahren doch ungemein progressiv vor.

Adresse Bain des Hommes: Rue du Château 11, unterhalb des Schlosses dem Quai in Richtung Hafen folgen; Bain des Dames: an der Rue de l'Ancien Stand 7, 1814 La Tour-de-Peilz, direkt neben der Buvette du Port | **ÖV** Trolleybus 201 Vevey-Villeneuve, Haltestelle La Tour-de-Peilz-Baumes | **Tipp** Im Schloss befindet sich seit 1987 das Schweizer Spielmuseum, das sich der Geschichte des Spiels von der Antike bis heute widmet und natürlich zum Spielen einlädt. Adresse: Musée Suisse du Jeu, Rue du Château 11, 1814 La Tour-de-Peilz, Öffnungszeiten: Di–So 11–17.30 Uhr.

80_Das Raddampfer-Wrack

Die Titanic des Genfersees

Diesen Ort muss man sich vorstellen, wenn man rechts von der Chemin de la Becque 26 den kleinen Fussweg hinunter zum See geht und von dort auf das Wasser vor der Hafenmauer schaut.

Am 10. Juni 1862 steuert hier ein ortsunkundiger Aushilfssteuermann die SS «Hirondelle» (deutsch: Schwalbe), einen 40 Meter langen, 150 Tonnen schweren und für bis zu 800 Passagiere zugelassenen Raddampfer bei einem Ausweichmanöver auf eine unter Wasser liegende Felsformation vor der Bucht von Becque-de-Peilz und rennt das Schiff dort fest. Die etwa 350 Fahrgäste können sofort an Land gerettet werden, doch das Schiff sitzt fest, und das Vorschiff füllt sich aufgrund eines Lecks langsam mit Wasser. Aus Zürich werden Spezialisten von der Werft Escher Wyss & Cie geordert, die unter dem Rumpf dicke Ketten anbringen lassen, um das Schiff mit einer Hebevorrichtung zentimeterweise zu bergen, denn der Dampfer war bei ihnen 1855 in Auftrag gegeben worden und erst im August 1856 in Ouchy vom Stapel gelaufen. Einen Monat nach dem Unglück lösen sich durch einen starken Sturm die Ketten, und die Hirondelle sackt noch tiefer ab. Lediglich das Heck bleibt noch über der Wasseroberfläche sichtbar. Es wird daraufhin mit Seilen gesichert, um doch noch den gesamten Rumpf daran emporziehen zu können. Dabei zerbricht die «Hirondelle» jedoch in zwei Teile, und das Vorschiff rutscht endgültig in die Tiefe des Sees hinab. Lediglich das Oberteil des Hecks kann schliesslich geborgen werden.

Über hundert Jahre später entdecken vier Taucher aus Lausanne am 27. Februar 1966 zufällig das zwischen 42 und 60 Meter tief liegende, abgebrochene Wrack, das seitdem aufgrund der Tiefe, der schlechten Sicht und der Strömung als sehr anspruchsvoller Tauchplatz gilt. Sieht man vor dem Ufer eine blau-weisse Alphaflagge, so bedeutet das, dass sich hier gerade Taucher unter Wasser befinden und vermutlich die Abrutschrinne hinab in die Tiefe tauchen.

Adresse Chemin de la Becque (von Hausnummer 26 dem Fussweg zum Seeufer folgen), 1814 La Tour-de-Peilz, Koordinaten 46°26'52.62"N, 6°51'43.66"E | ÖV Trolleybus 201 bis Haltestelle Portail Blanc oder La Becque | Tipp Wer mehr über das Tauchen im Genfersee erfahren möchte, einen ersten Schnuppertauchgang wagen will oder als Profigerätetaucher oder Apnoetaucher auf der Suche nach neuesten Produkten ist, wird bei Francis Blétry im Scuba Shop in Villeneuve fündig. Francis und seine Equipe sprechen Deutsch. Adresse: Route d'Arvel 106, 1844 Villeneuve, Öffnungszeiten: Di–Fr 9–12 und 14–18.30 Uhr, Sa 8–16 Uhr.

81_Le Scex-que-Plliau

Die Sage vom weinenden Felsen

Oberhalb des Weilers Chaulin befindet sich mitten im von Wasseradern und Zuflüssen der Baye de Clarens durchzogenen Wald eine 20 Meter hohe und über 100 Meter lange, bizarre Felsformation aus Tuffgestein, die dem Volksmund nach weint. Immer wieder bilden sich hier Wassertropfen und im Winter wachsen sogar riesige Eiszapfen aus dem Fels heraus.

Der Sage nach verliebt sich in grauer Vorzeit Albert, der Sohn des Baron Grimoald, in die hübsche junge Joliette, die aus einer armen Bergbauernfamilie stammt. Sein Vater verbietet ihm natürlich diese Verbindung, und als Joliette daraufhin allein im Wald bitterliche Tränen vergiesst, erscheint ihr eine Fee, die ihr voraussagt, dass ihre unglückliche Seele Trost auf dem grossen Felsen in der Nähe eines Gebirgsbaches finden werde. Joliette eilt zu dem Felsen und findet dort ihren Albert, der ihr seine Liebe schwört, aber gleichzeitig erklärt, dass sein Vater niemals eine Heirat erlauben werde. Just in diesem Moment reitet Grimoald an dem Felsen vorbei und ist beim Anblick des Liebespaars derart erzürnt, dass er seiner Garde befiehlt, den eigenen Sohn ins Gefängnis zu werfen. Joliette fleht den Vater an, seinen Sohn zu verschonen, doch der wütende Baron erklärt nach kurzem Nachdenken, dass sein Sohn die hübsche Bauerntochter erst dann heiraten dürfe, wenn der Fels zu weinen begänne. Um seinen Worten Nachdruck zu verleihen, haut er mit der Faust auf den Stein und siehe da – Tränen quellen unter seiner Hand hervor. So wird am Ende noch am selben Tag Hochzeit gefeiert, und auch dieses Märchen hat ein Happy End. Allerdings munkeln einige, dass die Fee den beiden auch noch einen reichen Kindersegen geschenkt haben müsse, denn der ganze Wald ist bis heute in Privatbesitz, auch wenn einigen der zahlreichen Eigentümer nur wenige Quadratmeter grosse Parzellen gehören. Und die Tränen haben längst kleine Stalaktiten am Felsen geformt.

Adresse Chemin du Scex que Plliau, 1807 Blonay-Chamby | ÖV Bus 220 bis Chamby, Sous Chaulin und dann zu Fuss etwa 10 Minuten die Route de Chaulin weiter hinaufgehen bis zur Auberge de Chaulin und dort links die Zielstrasse weiter hinauf bis zum Wald; von dort weiter der kleinen Strasse folgen, bis man nach etwa 10 Minuten den Felsen auf der rechten Seite sieht | Tipp Ein sehr schöner Wanderweg führt vom Bahnhof Chernex über Chamby und dann hinunter durch den Wald bis zum Bahnhof von Blonay. Das Restaurant «Auberge de Chaulin», das auf dem Weg liegt, schmückt ein Wandgemälde aus dem Jahr 1929, das die beiden Liebenden vor dem Felsen zeigt.

82_Die Villa Karma

Zwei Architekten, ein Konzept

1902 erteilt der Wiener Professor Theodor Beer dem jungen österreichischen Architekten Adolf Loos den Auftrag, das ehemalige, direkt am See gelegene Weingut La Maladaire in eine Villa zu transformieren. Von 1903 bis 1906 ummantelt Loos das ursprünglich zu einer Klosteranlage mit angeschlossenem Lepraspital gehörende Gebäude und stockt es auf, doch erst 1912 wird die heute unter Denkmalschutz stehende Villa durch den Architekten Hugo Ehrlich unter Berücksichtigung der Pläne von Loos endgültig fertiggestellt.

Loos beschliesst, das 14,5 mal 11,5 Meter grosse Gebäude um einen einzigen grossen Raum aufzustocken, der von drei der ursprünglichen Mauern gestützt wird, das alte Dach in eine Terrasse umzuwandeln, die vier Ecken jeweils mit einem kleinen Turm zu schmücken und das gesamte Gebäude weiss zu streichen. Parallel arbeitet Loos am Innenausbau der Villa, bis Beer 1905 in Wien wegen «Unzucht wider die Natur» verurteilt wird und sich seiner Haftstrafe durch die Flucht in die USA entzieht. 1910 zieht sich Beer in die Schweiz zurück und beauftragt den Kroaten Hugo Ehrlich mit der Fertigstellung der Villa. Doch Beers Freude an der Villa währt nicht lange, da er kurz darauf zum Kriegsdienst eingezogen wird, sein gesamtes Privatvermögen in Kriegsanleihen umsetzt und sich schliesslich 1919 völlig verarmt in Luzern das Leben nimmt.

Für Adolf Loos ist der Umbau der Villa der erste grosse Auftrag als Architekt, und schon hier kann man seinen ganz eigenen Stil erkennen, den er später vor allem in Österreich in ganzen Wohnsiedlungen umsetzt, nämlich langlebige, funktionale, aber keineswegs traditionslose Formen und die äusserliche Annäherung an die Kubusform mit Anspielungen auf klassische Villen der römischen und griechischen Antike zu verbinden. Seine Architektur sollte vor allem den Bauherren gefallen und deren Bequemlichkeit dienen, und nicht als Kunstwerk überhöht werden.

Adresse Rue du Lac 171, 1815 Clarens | **ÖV** Trolleybus 201 bis Haltestelle Maladaire; den besten Blick auf die Villa hat man vom See aus, oder man geht den Weg zum Campingplatz La Maladaire hinunter und dann die Kaimauer links am See entlang | **Tipp** Adolf Loos war eng mit dem österreichischen Maler Oskar Kokoschka befreundet, der von 1953 bis zu seinem Tod 1980 in Villeneuve lebte. Ein Nachbau seines Ateliers und zahlreiche seiner Werke sind im Musée Jenisch in Vevey in einer Dauerausstellung zu sehen. Adresse: Avenue de la Gare 2, 1800 Vevey, Öffnungszeiten: Di–So 11–18 Uhr.

83 Die Pêcherie du Haut Léman

Frisch aus dem See gefischt

Seit über 40 Jahren fährt Henri-Daniel Champier täglich zum Fischen raus auf den See und gehört damit zu den 118 professionellen Schweizer Fischern, die 2020 die Seen der Romandie befischt haben. Von der Anlegestelle seines Fischerbootes bis zu dem kleinen Holzhaus, in dem er die Fische ausnimmt, für den Verkauf vorbereitet und räuchert, sind es nur wenige Schritte. Seine Frau Brigitte hilft ihm dabei und öffnet aus Altersgründen nur noch zweimal pro Woche das winzige Ladenlokal gleich nebenan.

Gefangen wird alles, was im See schwimmt – von Karpfen, Hechten, Saiblingen, Brassen bis zu den berühmten Eglis, die auf Französisch «perches» heissen und in zahlreichen Restaurants rund um den See als «filets de perches» angeboten werden. Welcher Fisch wann ins Netz geht, hängt von den Jahreszeiten und dem Wetter ab, vor allem bedarf es einer guten Kenntnis der Fanggründe und eines besonderen Gespürs für die Fische. Henri-Daniel ist in Vevey am Seeufer gross geworden, hat vom Vater, einem begeisterten Hobbyangler, die Liebe und die Passion für den See und die Fischerei geerbt, und sich 1979 als Fischer in Clarens selbstständig gemacht. Brigitte erzählt lächelnd, dass er die Fische sogar unter der Oberfläche sehen kann, wo andere nur auf das Wasser starren, und dass er häufig voraussagen kann, wohin die Fischschwärme gerade ziehen.

Gefischt werden darf auf der gesamten Schweizer Seite des Sees, und so fährt Henri-Daniel häufig schon um 5 Uhr morgens raus, um seine Netze auszulegen. Es ist ein harter Beruf, und keines der sechs erwachsenen Kinder wird in seine Fussstapfen treten. Für Henri-Daniel und seine Frau jedoch ist der See ihr Leben, daher hat der Fischer 2006 einen Verein gegründet, der sich die Renaturierung der Seeufer und den Erhalt der Kiesstrände zum Ziel gesetzt hat.

Adresse Rue du Lac 145a, 1815 Clarens (von der Seeuferstrasse führt eine kleine Sackgasse zwischen Hafen und Schwimmbad hinab zum Laden) | ÖV Trolleybus 201 bis Haltestelle Basset | Öffnungszeiten Do und Fr 9–12 Uhr, www.pecherie.ch | Tipp Samstags kann man Champiers Fisch auch auf dem Markt in Vevey kaufen. Der Verein des engagierten Naturschützers nennt sich «Association Le Chemin des Galets» (Weg der Kiesel, www.lechemindesgalets.ch) und informiert darüber, wie wichtig das Kiesgestein für den See ist, etwa um die Laichplätze der Fische zu schützen und um die Diversität an Algen und Wasserpflanzen zu erhalten.

84 Die Furtwängler-Büste

Hommage an einen grossen Dirigenten

Rechts von der kleinen Treppe, die hinunter zum Port du Basset, dem kleinen Hafen von Clarens, führt, wurde im August 2016 eine Bronzebüste Wilhelm Furtwänglers im Beisein des Lausanner Künstlers Bernard Bavaud und einigen Mitgliedern der Furtwängler-Familie mit einem Festakt enthüllt. Dieser Platz wurde ganz bewusst gewählt, denn Furtwängler ging hier häufig spazieren und bezeichnete den Genfersee als «den schönsten See überhaupt». 1945 konnte Furtwängler dank einer Einladung des Schweizer Dirigenten Ernest Ansermet mit seiner Frau in die Schweiz fliehen und wohnte zunächst als Gast in der Klinik La Prairie und dann in der Villa des Hamburger Reeder Rickmers ein wenig oberhalb des Hafens von Clarens. Auch nachdem er wieder in Deutschland dirigieren durfte, blieb Furtwängler Clarens und dem Genfersee treu. Kurz vor seinem Tod im November 1954 konnte er die Villa schräg gegenüber des Anwesens von Rickmers erwerben. Seine Witwe Elisabeth Furtwängler – Mutter der Schauspielerin Kathrin Ackermann und Grossmutter der Schauspielerin Maria Furtwängler – blieb ebenfalls bis zu ihrem Tod in Clarens. Sie überlebte ihren Mann um beinahe 60 Jahre und starb 102-jährig in der Villa oberhalb des Sees.

Furtwängler ist nur einer von vielen Musikern, die vor den beiden Weltkriegen fliehen mussten und sich am Genfersee niederliessen, an der Schweizer Riviera ins Exil gingen und die klassische Schweizer Musiklandschaft bereicherten, beeinflussten und vorantrieben. Neben dem berühmten Jazzfestival findet daher auch bereits seit 1946 alljährlich das ebenfalls international renommierte Festival klassischer Musik «Septembre Musical» in Montreux statt.

Der 1946 in Lausanne geborene Künstler und Bildhauer Bernard Bavaud hat sich auf Büsten musikalischer Grössen spezialisiert und sich im Falle Furtwänglers für die Authentizität sogar den Rat der Furtwängler-Nachkommen eingeholt.

Adresse Port du Basset, Quai des Villas du Bochet, 1815 Montreux-Clarens | **ÖV** Trolleybus 201 bis Haltestelle Basset | **Tipp** Wer von Clarens am Seeufer nach Montreux spaziert, kann noch zwei weitere von Bernard Bavaud in Bronze verewigte musikalische Grössen entdecken. Gleich zu Beginn von Montreux wurde unterhalb des Kongresszentrums (2m2c) im kleinen Parc Vernex 2013 die Büste von Richard Strauss enthüllt, und nur wenige Schritte weiter befindet sich zum See hin eine gewaltige Bronzestatue des Komponisten Igor Stravinsky. Adresse: Quai de Vernex Auditorium Stravinsky, 1820 Montreux.

85 Die Villa Kruger

Der Vorläufer moderner Ferienparks

Vermutlich ist es vor allem Jean-Jacques Rousseaus 1761 erschienenem, schwärmerischen Briefroman «Julie oder die neue Heloise» und den darin detailliert beschriebenen Schauplätzen am Genfersee zwischen Vevey und Montreux zu verdanken, dass der Villenvorort Clarens überhaupt entstand und bis heute boomt. Nachdem 1815 die ersten Pensionen gebaut wurden, lässt der vermögende Financier Emmanuel-Vincent Dubochet zwischen 1874 und 1879 unterhalb seines Schlosses direkt am Seeufer und in unmittelbarer Nähe zum Hafen von Clarens unter Federführung des Pariser Architekten Émile Hochereau ein Quartier aus 21 Villen errichten. Diese mit Stilmitteln des Historismus entworfenen Villen sollen nach Dubochets Vorstellungen den Superreichen als komfortable, private Unterkunft mit Hotelservice dienen, um sich nicht unter das gemeine Volk in den Hotels von Montreux mischen zu müssen.

1902 mietet sich der umstrittene Ex-Präsident der Südafrikanischen Republik Paul Kruger für die letzten Monate seines Lebens in der Villa Nummer 17 ein, die daher bis heute den Namen «Villa Kruger» trägt. Als britische Kolonialisten ab 1895 in Südafrika die Eroberung der Burenrepubliken vorantreiben, mit dem Ziel, Transvaal zu annektieren, stellt sich ihnen Paul Kruger, Sohn deutscher Auswanderer, mit einem Heer von Buren entgegen und erklärt 1899 Grossbritannien den Krieg. Schnell muss er erkennen, dass die Buren der britischen Streitmacht weit unterlegen sind. Kruger flieht nach Europa, bittet zunächst die niederländische Königin und den deutschen Kaiser vergeblich um Unterstützung und zieht sich dann resigniert nach Clarens ins Exil zurück, wo er am 14. Juli 1904 an Herzversagen stirbt. Vermutlich hätte es Dubochet gefallen, dass eine der Villen sogar von einem Staatsmann in dem von ihm konzipierten Sinne genutzt wurde.

Inzwischen wurde die Villa an der Seepromenade zu einem exklusiven Boutique Hotel B&B aufwendig umgestaltet.

Adresse Villas du Bochet 17, 1815 Montreux-Clarens | ÖV Trolleybus 201 bis Haltestelle Basset | Tipp Nach vorheriger Anmeldung unter der Tel. +41/84/8868484 (Office Tourisme Montreux) darf man den Eingangsbereich und den Salon der Villa mit dem riesigen Kamin und zahlreichen Ölgemälden aus Krugers ehemaligem Besitz auch besichtigen, ohne dort gleich eine Übernachtung buchen zu müssen.

86 Das Château des Crêtes

Bauen wie Gott in Frankreich

Als sich der junge Emmanuel-Vincent Dubochet (1796–1877) bei Familie und Freunden in Montreux Geld leihen möchte, um nach Paris zu gehen, ist einzig Mamin, ein Lastkahnschiffer aus La Tour-de-Peilz, bereit, ihm 200 Franken vorzustrecken. In Paris steigt Dubochet unter Napoleon III. schnell vom einfachen Angestellten zum Präsidenten der Gasversorgungsgesellschaft und der französischen Eisenbahngesellschaft auf. Während der Februarrevolution 1848 wird Dubochet am 23. August sogar zum Ersten Offizier der Ehrenlegion ernannt, bevor er als reicher Mann nach Montreux zurückkehrt und Mamin endlich seine Schulden mit Zinsen (200.000 Franken) zurückzahlt.

Weil seine Landsleute nicht an ihn geglaubt haben, lässt Dubochet 1864 sämtliche Architekten und Bauunternehmer aus Paris kommen, um zunächst für sich selbst eine feudale Residenz etwas oberhalb des Sees zu bauen und kurz darauf den Bauauftrag für 21 kleinere Villen (siehe Ort 85) direkt am Seeufer zu erteilen. Sogar die Baumaterialien lässt er aus dem französischen Jura über den Genfersee bis zum Hafen von Clarens schiffen.

Das ungewöhnliche, mit roten Ziegelsteinen verklinkerte und unter Denkmalschutz stehende kleine Schloss in Neurenaissancestil überragt heute mit seinem 36 Zimmern und dem achteckigen Turm Weinberge, die der genossenschaftlichen Winzervereinigung Cave Vevey-Montreux gehören. Nach dem Tod Dubochets wechselt das Schloss häufig den Besitzer, steht zwischendurch jahrelang leer und ist heute wieder in Privatbesitz. Dubochets Erbin Suzanne Arnaud de l'Ariège lässt Pferdeställe anbauen und dem Turm eine Glaskuppel aufsetzen. In den 1930er Jahren beherbergt das Schloss ein paar Jahre eine private Rheumaklinik. Zuletzt wird das Schloss Ende der 1980er Jahre aufwendig restauriert, nachdem es 1980 bei einem heftigen Sturm die riesige Glaskuppel samt Dach in den Park geweht hatte.

Adresse Avenue des Bosquets-de-Julie 13, 1815 Montreux-Clarens | **ÖV** Bus 204 bis Haltestelle Clarens, Pertuiset | **Öffnungszeiten** nur von aussen zu besichtigen | **Tipp** Die Weine der Appellation «Le Château des Crêtes» sind im Verkaufslokal La Cave Vevey-Montreux, Avenue de Belmont 28, 1820 Montreux erhältlich.

87_Die Bierbrauerei Gimlé

Eine kleine Enklave des Craft Beer

Stéphane Quinquard und Thomas Martin lernen sich auf der Arbeit kennen und merken schnell, dass sie beide einer Leidenschaft frönen, die in der Gegend eher ungewöhnlich ist. Sie trinken gerne Bier und beschliessen daher 2013, sich selbst in der Kunst des Bierbrauens zu versuchen. Nach drei Lehrjahren haben sie das nötige Equipment beisammen, um zunächst in Thomas' Garage das erste eigene Bier zu brauen. Ein Jahr später wird aus dem Hobby eine Berufung, und wieder ein Jahr später haben sie im Herzen von Chernex den unteren Teil des Elternhauses von Stéphane so weit renoviert, dass die Brauerei dort Einzug halten kann.

Die Grundmauern des Hauses sind über 700 Jahre alt, damit zählt es nicht nur zu den ältesten Bauten in Chernex, sondern der Keller ist kühl genug, um das Bier dort zu lagern. Der Braukessel fasst 200 Liter, die vier Gärfässer 240 Liter. In der Regel wird zweimal pro Woche gebraut und die etwa 1.600 Liter Bier pro Monat natürlich von Hand abgefüllt und etikettiert. Zu den obergärig mit frischem Quellwasser aus Avants gebrauten und ungefilterten Standardsorten gehören ein Weizenbier, jeweils ein helles und ein dunkles Bier und ein Indian Pale Ale. Je nach Saison experimentieren die beiden auch mit Gewürzen, Holunderblüten oder Aprikosen aus dem Garten von Stéphane. Das Winterbier schmeckt daher ein wenig nach Lebkuchen.

Der ungewöhnliche Name der Brauerei entstammt der nordischen Mythologie. In den Liedern der Edda ist Gimle eine Art vom Feuer geschütztes Paradies, in das die Überlebenden des Ragnarök, der Götterdämmerung, kommen. Vielleicht ist der Name Programm, denn als 1814 ein grosses Feuer in Chernex wütete, wurde die winzige Ruelle du Carroz, in der sich die Brauerei befindet, wie durch ein Wunder verschont. Und dort stehen bis heute die ehemaligen, malerischen Bauern- und Winzerhäuser dichtgedrängt um die drei wichtigsten Dorfbrunnen.

Adresse Brasserie du Gimlé, Ruelle du Carroz 5, 1822 Chernex | **ÖV** von Montreux mit dem Zug oder dem MOB bis Bahnhof Chernex oder mit dem Bus 291 bis Haltestelle Chernex | **Öffnungszeiten** Do 13–18 Uhr oder nach Absprache, Tel. +41/79/6391358; im Supermarkt und in der Épicerie des Dorfes ist das Bier immer vorrätig | **Tipp** Bevor 1751 der erste Kopfsteinpflasterweg nach Chernex gebaut wurde, musste man alle Lasten zu Fuss oder auf dem Rücken der Lasttiere und im Winter mit dem Schlitten zwischen Montreux und Chernex transportieren. Noch heute führt ein beschilderter Fussweg über viele Treppen unter der Autobahn hindurch nach Montreux, der unterhalb des Restaurant du Raisin beginnt und auf der Avenue de Belmont neben der Cave Vevey-Montreux endet.

88 Die Skulpturen am Quai

Das Seeufer als Kunstmeile

Seit 2011 findet alle zwei Jahre auf der Seeuferpromenade in Montreux zwischen dem Kongresszentrum (m2mc) und dem Casino ein internationaler Wettbewerb um die schönste Skulptur statt. Die Künstler müssen der guten Sichtbarkeit halber Skulpturen abliefern, die mindestens 2,5 Meter hoch und zudem witterungsbeständig sind. Zwei Preise gibt es zu gewinnen: Den «Publikumspreis» erhält das Kunstwerk, für das zwischen Anfang August und Ende Oktober die meisten Stimmen von den Besuchern abgegeben werden. Die beliebteste Skulptur darf dann bis zur nächsten Biennale vor Ort verweilen. Das Kunstwerk, das den «Preis der Jury» (aus Mitgliedern des Gemeinderats und Kunstexperten) erhält, wird anschliessend von der Gemeinde gekauft und darf für immer den Quai schmücken. Schon manch ein Ausstellungsstück wurde per Hubschrauber in die Galerie unter freiem Himmel gebracht, um dort vor der malerischen Kulisse aus See und Bergen aufgestellt zu werden.

Eine Kulisse, die eben auch den Blickwinkel auf die Kunst beeinflusst und die Künstler offensichtlich schon im Vorfeld inspiriert, denn viele der gezeigten Skulpturen reflektieren philosophierend, humorvoll, politisierend oder poetisch den See, die Landschaft und das Treiben auf der Uferpromenade und werden zum Teil sogar im Wasser aufgestellt. So gewann 2015 ein Werk des italienischen Künstlerduos Studio C & C mit dem Titel «Above Sea Level» den Preis der Jury, das einen filigranen, silbern glänzenden Fischschwarm darstellt, der vom Ufer ins Wasser zu wogen scheint. Seit 2017 darf der Bronzeguss «Les Amoureuses» des belgischen Künstlers Michal Sculpteur auf einer Bank vor dem Casino verweilen und sich dort für immer in den Armen halten. 2019 erhielt die Belgierin Isabelle Thiltgès für ihren stilisierten Vogel («La Grande Envolée»), der durch einen Bronzering auf den See hinauszufliegen scheint, den begehrten Preis des Fachgremiums.

Adresse entlang der Quais Ernest-Ansermet, de la Rouvenaz und Eduard-Jaccaud, Montreux | ÖV CGN, Anlegestelle Montreux, Trolleybus 201 bis Haltestelle Montreux-Marché | Tipp Ein Bummel entlang der wunderschön bepflanzten Seeuferpromenade, um die Skulpturen der letzten Biennale-Preisträger an den unterschiedlichsten Stellen zu entdecken.

89_Das Casino Barrière

Smoke on the Water

Die älteren Bewohner von Montreux erinnern sich noch gut an den Abend, als am 4. Dezember 1971 plötzlich die Sirenen losgingen und ein gutes Dutzend Feuerwehr- und Polizeifahrzeuge aus allen Richtungen auf das Casino zurasten, das vor lauter Qualm, Rauch und umherfliegender Asche kaum mehr zu sehen war. Flammen schlugen meterhoch aus dem Gebäudekomplex, nachdem ein Fan bei einem Konzert von Frank Zappa und den The Mothers of Invention eine Leuchtrakete gezündet hatte, die sich in der Decke des Casino-Konzertsaals verfing und dadurch den verheerenden Brand auslöste. Claude Nobs, der Gründer des Jazzfestivals, schaffte es, den Saal umgehend zu evakuieren, ohne dass Menschen zu Schaden kamen, aber das Casino, in dessen Keller sich ein hochmodernes Aufnahmestudio befand, brannte vollständig nieder. Die Musiker von Deep Purple weilten gerade auf Einladung von Nobs in Montreux, um in eben diesem Studio ihr nächstes Album einzuspielen. Eine Woche nach dem Casinobrand, den die Bandmitglieder von ihrem Hotel aus mit angesehen hatten, mieteten sie sich in ein nahegelegenes Hotel ein, liehen sich von den Rolling Stones Studiotechnik aus und produzierten das Album «Machine Head», das 1972 erschien und den Song «Smoke on the Water» enthält, der mit den Worten beginnt: «We all came out to Montreux» … und von dem Casinobrand erzählt.

Das ursprüngliche Casino wurde 1881 erbaut, danach immer wieder modifiziert und erweitert, um ab 1967 auch als Veranstaltungsort für das berühmte, von Claude Nobs gegründete Jazzfestival von Montreux zu fungieren. Das neue, 10.000 Quadratmeter grosse Casino Barrière wurde 1975 eröffnet, seitdem ebenfalls immer wieder umgebaut und erweitert, sodass es heute unter anderem Raum für 374 Geldspielautomaten, mehrere Bars und Restaurants und das Museum der Band Queen bietet; das Jazzfestival ist inzwischen in das Kongresszentrum 2m2c umgezogen.

Adresse Rue du Théâtre 9, 1820 Montreux | ÖV Trolleybus 201, 204, 206, Haltestelle Casino | Öffnungszeiten Mo–Mi und So 9–3 Uhr, Do 10–4 Uhr, Fr und Sa 10–5 Uhr | Tipp Im öffentlich zugänglichen Garten vor dem Montreux Palace Hotel kann man in der sogenannten «Hall of Fame» des Jazzfestivals zwischen sechs Bronzebüsten berühmter Musiker, die in Montreux aufgetreten sind, umhergehen (B.B. King, Ray Charles, Ella Fitzgerald, Quincy Jones, Aretha Franklin und Carlos Santana). Adresse: Fairmont Le Montreux Palace Hotelgarten, Avenue Claude Nobs 2, 1820 Montreux.

90_The Mountain Studios

Eine Pilgerstätte für Queen-Fans

Die ersten Kunden der Mountain Studios im nach dem Brand wiederaufgebauten und 1975 neu eröffneten Casino waren die Rolling Stones, aber auch David Bowie, Led Zeppelin, Iggy Pop, Michael Jackson und viele andere Stars und Bands spielten hier ihre Hits ein. Freddie Mercury kam 1978 zum ersten Mal nach Montreux, um mit seiner Band Queen in dem hochprofessionellen Tonstudio das Album «Jazz» zu produzieren, verliebte sich in die Landschaft und kaufte bereits im Folgejahr mit der Band die Mountain Studios, sodass nach 1978 fast alle legendären Queen-Songs direkt am Ufer des Genfersees eingespielt wurden. Das zweigeschossige Studio betraten die Musiker durch eine unscheinbare Seitentür des Casinos, und die Stelle im bis heute unveränderten Kontrollraum, an der Mercury kurz vor seinem Tod seinen letzten Song «A Winter's Tale» einsang, ist mit einem goldenen Kreis markiert.

Fans aus aller Welt pilgern hierher und verewigen sich auf den Wänden und der Tür des ehemaligen Eingangsbereichs, weshalb dieser inzwischen alle paar Jahre übergestrichen wird, um für die Graffitis wieder neuen Platz zu schaffen.

Zwei Jahre nach Mercurys Tod verkauften die restlichen Bandmitglieder das Tonstudio an ihren ehemaligen Produzenten David Richards, bevor das gesamte Casinogebäude 2001 an die französische Betreibergesellschaft «Barrière» ging und das Studio seinen Betrieb einstellen musste. 2002 siedelte Richards daher die Studiotechnik in sein Wohnhaus nach Attalens um. Ein paar Jahre später konnte die Queen-Stiftung den unteren Raum des ehemaligen Tonstudios in ein Museum umbauen, das man heute durch den Haupteingang des Casinos betritt. Hier kann man die massstabgetreue Nachbildung des Originalmischpults ausprobieren, einen Dokumentationsfilm über Queen sehen und Bühnenkostüme, Musikinstrumente, Plattencover, handgeschriebene Songtexte und andere Devotionalien der Band bestaunen.

Adresse The Studio Experience Montreux, Casino Barrière, Rue du Théâtre 9, 1820 Montreux | ÖV Trolleybus 201, 204, 206, Haltestelle Casino | Öffnungszeiten Mo–Fr 9–18 Uhr, Sa und So 9–16 Uhr | Tipp Irena Sedlecká hat Freddie Mercury mit ihrer Skulptur das wohl bekannteste Denkmal gesetzt: Der übergrosse Bronzeguss blickt seit 1996 vom Marktplatz in Montreux hinaus auf den See, ziert aber auch das Cover des 1995 erschienenen letzten Queen-Albums «Made in Heaven». Für Queen-Fans ist ein Selfie mit «Freddie» geradezu ein Muss.

91 Les Planches

Wie aus einem Weiler eine Altstadt wurde

Wer zu Fuss ins alte Montreux hinaufwandert und dabei die edlen Boutiquen und die mondänen Hotels am Seeufer hinter sich lässt, merkt schnell, dass sich die Stadt 250 Meter weit bergauf ausdehnt. Doch der Aufstieg lohnt sich, denn oben angekommen, meint man, hier sei die Zeit stehengeblieben. Im Mittelalter noch ein kleiner, aus Winzerhäusern bestehender Weiler, gehörte Les Planches zunächst zur Abtei Saint-Maurice, dann zur Pfarrei Montreux und wurde 1317 an den Grafen von Savoyen verkauft und damit dem Bezirk Vevey zugeteilt. Es folgten im Laufe der Jahrhunderte noch viele Besitzerwechsel, bis der kleine Ort 1953 schliesslich den Namen Montreux-Planches erhielt.

Obwohl Les Planches also wenig mit der Entwicklungsgeschichte des heutigen Montreux zu tun hat, hat es sich mit seinen alten Winzerhäusern, Brücken, Brunnen und dem 1892 errichteten Bahnhof, von dem aus man auf den Rochers-de-Naye fahren kann, eine historische Authentizität bewahrt und wird daher häufig fälschlicherweise als die Altstadt von Montreux bezeichnet. Dabei erhielt Les Planches 1872 sogar ein eigenes Rathaus. Im 19. Jahrhundert siedelten sich hier viele kleine Handwerksbetriebe an, die zum Teil bis heute überlebt haben, in denen sich aber inzwischen auch Galerien und Vintage-Läden befinden. Seit 1778 findet am letzten Wochenende im Oktober ein traditioneller Kunst- und Handwerkermarkt statt.

Nach oben begrenzen kleine Weinberge und die Gorges de Chauderon den Ort, wobei der Wildbach Baye de Montreux ab hier sittsam in einem Kanal hinunter in den Genfersee geleitet wird, den man, genau wie das alte Viadukt Montreux–Glion, von der Ruelle de la Baye aus gut sehen kann. Links vom Kanal befindet sich, an der Rue du Pont gelegen, der ehemalige kleine Weiler Sâles, der aufgrund seiner hübschen Winzerhäuser, kleinen Plätze und Brunnen heute ebenfalls als Altstadt von Montreux bezeichnet wird.

Adresse Les Planches, 1820 Montreux | ÖV vom Bahnhof Montreux ist die Rue du Pont in 10 Minuten zu Fuss zu erreichen; oder Bus 206 bis Haltestelle Le Pont | Tipp Nicht nur bei schlechtem Wetter kann man vom Tea Room de la Baye aus die Sicht auf die Dächer von Montreux und den See geniessen, ausgiebig frühstücken oder zu jeder Tageszeit köstliche Quiches, Crêpes, Sandwichs und süsses Gebäck erstehen oder einfach nur schnell einen Kaffee trinken. Adresse: Rue du Pont 23, 1820 Montreux, Öffnungszeiten: Di, Do, Fr, Sa, So 8–18 Uhr.

92_Das Atelier Pascal Bettex

Irgendwie dreht es sich immer

Sein Atelier im alten Dampfkraftwerk direkt neben den wild rauschenden Wassern der Baye de Montreux, das er vor gut fünf Jahren bezogen hat, nennt Pascal Bettex «seine Kathedrale des Glücks», und tatsächlich erinnern die hohen Fabrikhallen, in die das Sonnenlicht durch runde Oberlichter hineinstrahlt, an ein Kirchenschiff. Hier baut Bettex seine magischen, kinetischen Skulpturen aus dem, was anderswo nicht mehr funktionierte, weggeworfen und verschrottet wurde. Etwa 50 Tonnen metallenes Material – vom Backförmchen bis zur Eisenbahnschneefräse – lagern, bereits für ihre mögliche neue Verwendung vorsortiert, in der riesigen Halle, an die sich seine Werkstatt und sein zweigeschossiger Ausstellungsraum anschliessen. Überall dreht und bewegt es sich, eine seiner jüngsten Skulpturen fährt sogar auf einem Staubsaugerroboter herum. Gerade verarbeitet er verschiedenes Material und eine alte Wasserpumpe aus einer ehemaligen, inzwischen zu modernen Lofts umgebauten Fabrik in Lille zu einer sechs Meter hohen Skulptur, die dort zukünftig an die Historie des Ortes erinnern soll.

Im Gegensatz zur politischen Ambition Jean Tinguelys, dessen bewegliche Objekte er als Zehnjähriger in einer Ausstellung in Basel zum ersten Mal gesehen hat, will Bettex mit seinen Skulpturen nicht die Absurdität des technischen Fortschritts vor Augen führen, sondern vielmehr alten Dingen, Apparaten, Werkzeugen auf poetische Weise neues Leben einhauchen. Dafür poliert er rostiges Metall wieder auf, frischt abgeblätterten Lack auf und repariert alte Motoren. Für die Skulpturen gibt es keine Baupläne, sie entstehen einfach und wachsen dabei in alle Richtungen. Nur seine einzigartigen, eckigen, kleeblattförmigen und anders geformten unrunden Zahnräder entwirft er am Computer und schneidet sie mit einem Laser aus Edelstahl aus, damit sie gegen alle Vernunft präzise wie ein Uhrwerk ineinandergreifen und zu einem künstlerischen Getriebe werden.

Adresse Ruelle de la Baye 7, 1820 Montreux-Les Planches | ÖV Bus 206 bis Haltestelle Les Planches und direkt hinter der Brücke links in die kleine Strasse entlang des Flusses abbiegen; das Atelier befindet sich auf der Rückseite des letzten Fabrikgebäudes mit dem roten Schornstein | Öffnungszeiten Voranmeldung unter Tel. +41/79/4155078 notwendig, www.bettexmatic.com | Tipp Bettex' Skulptur «Allô Claude» in einer roten Telefonzelle (zum Tod von Claude Nobs) gewann 2013 bei der Skulpturen-Biennale in Montreux den Publikumspreis und steht seitdem am Seeufer von Montreux direkt vor dem Marktplatz.

93 Les Gorges du Chauderon

Durch die Schlucht hinauf in die Bergwelt

Leo Tolstoi wanderte sie 1857 hinauf nach Les Avants und dann weiter bis zum Col de Jaman, um in der Natur die Schrecken des Kaukasus-Krieges zu vergessen. Und auch Lord Byron ritt bereits 1816 von Montreux durch die Schlucht Gorges du Chauderon hinauf nach Les Avants und von dort weiter ins Berner Oberland, um der ihm verhassten «englischen Kolonie» rund um den Genfersee zu entkommen. Angelockt waren sie beide, wie so viele andere belesene Europareisende jener Zeit, von Rousseaus romantischem Blick auf die Landschaft um Montreux, in der ein Teil seines Romans «Julie oder die neue Heloise» spielt.

Tatsächlich mag man kaum glauben, dass sich direkt hinter den letzten Häusern von Les Planches, der Altstadt von Montreux, nachdem man die Autobahnbrücke hinter sich gelassen hat, eine so grossartige und wilde Naturlandschaft auftut. Der Wanderweg verläuft oberhalb des insgesamt acht Kilometer langen Wildbaches La Baye de Montreux, der sich hier tief in die Felsen gegraben hat und je nach Jahreszeit und Wasserstand laut gurgelnd, rauschend und schäumend bis in den Genfersee fliesst. Seine Quelle liegt in etwa 1.623 Meter Höhe am Fusse des Berges Cape au Moine. In Les Avants münden zwei weitere kleinere Wildbäche in ihn, sodass er zur Schneeschmelze stark ansteigt und viel Schlamm und Geröll mit sich führt. An mehreren Stellen schiesst das Wasser über Felsklippen regelrecht bergab, unterhalb von Glion lässt sich gar ein Wasserfall bestaunen. Die Felsflanken der Schlucht sind so wild bewachsen, dass man sich in einem Urwald wähnt, daher ist der Wanderweg auch an besonders engen und etwas rutschigen Stellen gut gesichert. Je nach Kondition sollte man zwei bis drei Stunden für den etwa vier Kilometer langen Aufstieg einplanen, der eine Höhendifferenz von gut 600 Metern überwindet und abwechselnd am rechten und linken Ufer entlangführt. Bei hohem Wasserstand des Flusses ist die Schlucht aus Sicherheitsgründen zu meiden.

Adresse Sentier des Gorges du Chauderon, 1820 Montreux-Les Planches, der Einstieg auf der linken Seite unmittelbar vor dem kleinen Bahnhof in Les Planches ist ausgeschildert | **ÖV** vom Bahnhof Montreux in etwa 15 Minuten zu Fuss zu erreichen, Bus 206, Haltestelle Les Planches und von dort den gelben Wanderschildern zur Autobahnbrücke und dahinter nach Les Avants folgen, Rückweg entweder zu Fuss oder mit dem Zug (MOB) | **Tipp** Wandern Sie vorzugsweise im Mai nach Les Avants, einem der ältesten Wintersportorte der Schweiz mit einem wunderbaren Panoramablick über den Genfersee und die Alpen, denn dann färbt ein Blütenmeer aus wilden Narzissen die Wiesen rund um den Ort weiss.

94 Die Kirche Saint Vincent

Eine Kirche für den Schutzpatron der Winzer

Den meisten fällt die oberhalb von Montreux auf einem Tuffsteinfelsen thronende kleine Kirche schon bei einer Bootsfahrt oder zumindest vom Seeufer aus auf, denn ihre Lage ist wirklich aussergewöhnlich. Die Aussicht vom Kirchplatz über den See und die Berge belohnt für den steilen Aufstieg. Vermutlich bauten hier Mönche wegen der guten Sicht auf den schmalen Durchgang zwischen See und Bergen, der damals schon ein wichtiger Handelsweg war, Anfang des 9. Jahrhunderts eine etwa 20 mal 8 Meter grosse Kirche beziehungsweise ein kleines Kloster. Von dessen lateinischer Bezeichnung «Monasterium» leitete sich im Laufe der Zeit der Name Montreux ab. Um 1200 erweiterten Zisterzienser den Bau, der nach einem Brand letztlich erst Anfang des 16. Jahrhunderts einen viereckigen Turm und die heutigen Masse erhielt. Der Form des Felsvorsprungs verdankt die graue Kirche ihren merkwürdigen Grundriss, denn Vorbau, Schiff und der sechseckige Chor liegen nicht auf einer geraden Linie.

1524 wurde die Kirche vom Lausanner Bischof geweiht, im Zuge der Reformation jedoch ab 1536 als protestantisches Gotteshaus genutzt. Im 16. Jahrhundert wurde neben dem kleinen Friedhof ein Beinhaus errichtet. Bereits die Zisterzienser hatten die Kirche dem heiligen Vinzenz gewidmet, dem Schutzpatron der Winzer, denn dort, wo sich unterhalb des Kirchenfelsens das heutige Montreux immer weiter ausbreitet, wurde wie im Lavaux bereits ab dem 1. Jahrhundert – häufig von Mönchen – Wein angebaut. Der Schweizer Künstler Jean Prahin, der die modernen und bunten Kirchenfenster in dem ansonsten etwas düsteren Innenraum gestaltet hat, ehrte den heiligen Vinzenz mit einem eigenen schmalen Fenster über der Treppe zur Orgelempore.

Der schmale Kirchplatz ist als Terrasse zur Seeseite hin angelegt und folgt ebenfalls der Form des Felsvorsprungs – ein idealer Ort, um die Seele baumeln zu lassen.

Adresse Rue du Temple 30, 1820 Montreux | ÖV Bus 206 bis Haltestelle Midi und von dort etwa 5 Minuten zu Fuss | Tipp Genau gegenüber der Kirche beginnt der «Sentier du Télégraphe», der über 1.055 Treppenstufen im Zickzack bis hinauf nach Glion führt und dort neben der berühmten Hotelfachschule endet. 1895 wurde entlang dieser Trasse eine Telegrafenleitung hinauf zum Hotel Righi Vaudois verlegt, und auch Sisi soll die Treppenstufen schon erklommen haben.

95 Das Mannerheim-Denkmal

Ein Symbol finnisch-schweizerischer Freundschaft

Anlässlich des Geburtstages von Carl Gustaf Emil Mannerheim am 4. Juni gedenken hier alljährlich Finnen und Schweizer des finnischen Offiziers und Staatsmanns, der eigentlich ein Schwede war und nie fliessend Finnisch sprechen lernte. Der 30 Jahre lang in Russland lebte und Jahrzehnte der zaristischen Armee diente. Der als begnadeter Reiter zwei Jahre lang zu Pferd eine Aufklärungsmission durch Asien leitete. Doch das alles tut seiner Verehrung als Freiheitskämpfer in Finnland bis heute keinen Abbruch, brach er doch auch als Oberbefehlshaber der finnischen Armee sämtliche Beziehungen zu Hitler und dem Deutschen Reich ab, schloss 1944 als Präsident der Republik Finnland einen Waffenstillstand mit der Sowjetunion, vertrieb als mutiger und gewiefter Heerführer die deutsche Wehrmacht aus Finnland und bewahrte so dem kleinen finnischen Volk seine Freiheit und Unabhängigkeit. 1946 zog er sich aus gesundheitlichen Gründen aus der Politik zurück und lebte bis zu seinem Tod 1951 im Sanatorium Valmont in Glion, einem 300 Meter über Montreux gelegenen Luftkurort, wo er seine Memoiren verfasste.

Das 1955 eingeweihte Denkmal, eine hohe, schmale Stele, die wie ein Schiffsbug zum See hin geneigt ist, trägt auf der Rückseite die Inschrift: «Zu Ehren Finnlands und seines heroischen Volks, in Erinnerung an den noblen Ritter, den Freiherrn Carl Gustav Mannerheim, finnischer Feldmarschall, 1867–1951». Kurz nach der Einweihung des Denkmals wurde auch die umliegende Grünanlage direkt am See in «Parc Mannerheim» umbenannt.

Aktuell gibt es in der Schweiz über 7.000 finnische Immigranten erster und zweiter Generation und sogar eine finnisch-schweizerische Offiziersvereinigung, denn nach dem Zweiten Weltkrieg hat die Schweiz das vom Krieg gebeutelte Finnland grosszügig unterstützt.

Adresse Quai des Fleurs 9, 1820 Montreux-Territet | **ÖV** Trolleybus 201, Haltestelle Territet Avenue Riviera, Bootsanlegestelle CGN Territet | **Tipp** Wer zu Fuss von Montreux nach Territet wandert, entdeckt dabei am Quai und an der Hauptstrasse wunderschöne Jugendstilfassaden und andere Spuren des aufkommenden Tourismus der Mitte des 19. Jahrhunderts, der auch Territet seinen Aufschwung brachte.

96__Das Sisi-Denkmal

Sehnsuchtsort der Kaiserin Elisabeth von Österreich

Die weisse Marmorstatue, die die Kaiserin von Österreich und Königin von Ungarn Elisabeth von Wittelsbach, durch die Kinofilme besser bekannt als «Sisi», sitzend in der Pose einer Dichterin, den Kopf nachdenklich auf die linke Hand gestützt und mit einem Buch in der rechten Hand zeigt, wurde 1902 – vier Jahre nach ihrem Tod - im Rosengarten neben der Englischen Kirche und gegenüber des Bahnhofs von Territet eingeweiht. Seitdem huldigen Fans hier dem Mythos Sisi, dabei entsprach zumindest die reife Elisabeth so gar nicht mehr dem Klischee der romantisierten Kaiserin.

Die letzten 30 Jahre ihres Lebens mied Sisi ihren Ehegatten Franz Joseph und die Wiener Hofburg, indem sie viel reiste, im Winter häufig nach Meran und im Sommer zu Kuren in die Schweiz. Territet war dabei eines ihrer bevorzugten Urlaubsziele, zum einen führt von hier eine steile Strasse hinauf nach Caux, zum anderen startete sie von hier aus zu Ausflügen über den See, besuchte die Sehenswürdigkeiten der Umgebung, unternahm ausgedehnte Wanderungen, schrieb elegische Gedichte und empfing Besuch, darunter ihren Gatten und 1897 auch ihren Neffen, den Erzherzog Franz-Ferdinand. Auch im Spätsommer 1898 reiste die inzwischen 60-jährige Sisi wieder über Territet nach Caux zur Kur, entschloss sich dann aber, für zwei Tage mit kleinem Gefolge nach Genf zurückzukehren, was ihr zum Verhängnis wurde. Als die Kaiserin am 10. September 1898 mit dem Dampfschiff zurück nach Montreux fahren wollte, wurde sie im Beisein ihrer Reisebegleiterin Gräfin Irma Sztáray von einem ihr unbekannten Mann auf dem Quai niedergestochen und verstarb wenig später in ihrer Hotelsuite an den Folgen der Stichverletzung. Dieses Attentat, verübt von einem 25-jährigen italienischen Anarchisten, erschütterte ganz Europa. An vielen ihrer Wegmarken wurden daraufhin ihr zu Ehren Denkmäler errichtet und von Sisi-Fans aus aller Welt besucht.

Adresse Parc des Roses, Sentier de Chantemerle, 1820 Montreux-Territet | ÖV Trolleybus 201, Haltestelle Territet Avenue Riviera, Bootsanlegestelle CGN Territet | Tipp Im Mitteltrakt des ehemaligen Grandhotels von Territet schräg gegenüber des Denkmals befindet sich bis heute der sehr gut erhaltene Sisi-Speisesaal im Originalzustand. Zwei Initiatoren planen gerade, hier eine «Sisi-Erlebniswelt» und einen Gastro-Lehrpfad zu schaffen.

97_Die Standseilbahn

Bequem und schnell an Höhe gewinnen

Der kleine weisse Bahnhof, etwas zurückversetzt an der Strasse von Montreux nach Villeneuve gelegen, ist unscheinbar, dabei verkehrt hier eine der ältesten Standseilbahnen der Schweiz, mit der man nach nur fünfminütiger Fahrt bei einer Schienenlänge von 600 Metern Glion erreicht – den prominentesten Luftkurort der Schweizer Riviera zu Zeiten der Belle Époque.

Die zunächst mit einem Wassergewicht betriebene Bahn wurde 1883 in Betrieb genommen und galt damals mit einer Steigung von 57 Prozent als steilste Standseilbahn der Welt. Die kleinen, neun Tonnen schweren Bahnwagen dienten dazu, Montreux mit der expandierenden Hotellandschaft unterhalb des prominenten Alpengipfels des Rochers-de-Naye zu verbinden. Dessen Bergstation auf 1902 Metern wiederum kann ab Glion mit einer 1892 in Betrieb genommenen Zahnradbahn erreicht werden. Um die Jahrhundertwende dienten die etwas höher gelegenen Sanatorien vor allem dazu, Tuberkulose und Nervenleiden zu lindern, während die mondänen Berghotels insbesondere reiche und prominente Ausländer anlockten. So verweilten auch schon Rainer Maria Rilke, König Albert I. von Belgien, der finnische Feldmarschall Mannerheim und Königin Elisabeth von England in der 1905 eröffneten und bis heute bekannten Privatklinik Valmont in Glion.

Die Standseilbahnstrecke erfreute sich von Anfang an grosser Beliebtheit und erwies sich, zumindest bis zum Ausbruch des Ersten Weltkrieges, für die Betreibergesellschaft als äusserst rentabel, obwohl 1909 zusätzlich eine 2,8 Kilometer lange Zahnradbahn vom Bahnhof Montreux nach Glion in Betrieb genommen wurde, weil die Standseilbahn allein den Publikumsansturm auf den Rochers-de-Naye nicht mehr bewältigen konnte. Erst 1975 erfolgte die Elektrifizierung der fahrerlosen Standseilbahn, die in der Regel alle 20 Minuten verkehrt.

Adresse Talstation der Standseilbahn: Avenue de Chillon/Ecke Sentier de Rosemont, 1820 Montreux-Territet | **ÖV** Trolleybus 201, Haltestelle Territet Avenue Riviera, Bootsanlegestelle CGN Territet; die Zahnradbahn zum Rochers-de-Naye über Glion fährt vom Bahnhof Montreux hinter den Gleisen der SBB und der GoldenPass Linie ab | **Tipp** Von Glion ganz bequem mit der Zahnradbahn weiter hinauf bis auf den Gipfel des Rochers-de-Naye, wo einen nicht nur Murmeltiere, ein Alpengarten und ein Felsenrestaurant erwarten, sondern auch ein fantastischer Panoramablick über den Genfersee bis hinein in die Savoyer Alpen mit dem Mont Blanc. Zurück hinunter nach Territet geht es entweder über einen steilen, gut markierten Wanderweg oder wieder per Bahn.

98 Das Château de Chillon

Eine Burg als Weinkeller

Über die schönste Burg am Genfersee, die wie ein steinernes Schiff in den See hineinragt, soll hier gar nichts erzählt werden, denn sie ist natürlich ein Muss auf der «tour du lac». Auch dass das Château ein riesiges, in den Felsboden gehauenes Kellergewölbe besitzt, das zum Teil unter der Wasseroberfläche liegt, lernen bereits Schweizer Schulkinder, denn schliesslich war hier der wiederum berühmteste Schweizer Gefangene – der Genfer Prior und Reformator François Bonivard – angeblich für sechs Jahre an eine der gotischen Kerkersäulen gekettet, bis er 1536 von den Bernern befreit wurde.

Nur etwa fünf Minuten von der Burg entfernt, erstreckt sich der 12.500 Quadratmeter grosse Weinberg Chillons, dessen Ertrag von Badoux Vins aus Aigle gekeltert und abgefüllt wird. Gemeinsam mit Edouard Bertholet, dem Winzer des Schlosses, kam der Önologe Daniel Dufaux vom Weingut Badoux zunächst auf die Idee, einen Grand Cru aus den Chasselas-Trauben (Gutedel) Chillons im Kellergewölbe in Barriques auszubauen. 2011 wurden dafür 43 Eichenfässer im vorderen Teil des Gewölbes aufgestellt, in denen der Weisswein nun jeweils zwölf Monate reift.

2010 kam zudem die Idee auf, den Chasselas drei Jahre im See reifen zu lassen. Nach zahlreichen gescheiterten Tests versenkte die Kellerei 2014 350 Flaschen des Clos de Chillon gleich neben dem Burgfelsen in einem Metallkorb, der an einem Stahlkabel 30 Meter tief in den See hinabgelassen wurde. Allerdings war das Ergebnis unbefriedigend, da Seewasser durch die Korken in die Flaschen eindrang. 2017 wurden 1.000 Flaschen mit versiegelten Korken versenkt, da sich die beiden Weinexperten nach wie vor sicher waren, dass die konstante Wassertemperatur von 12 Grad, die Dunkelheit und natürlich die Feuchtigkeit ideale Lagerungsbedingungen für den Weisswein darstellen. Dieses Mal glückte das Experiment, und der schon vorbestellte Wein wurde erfolgreich ausgeliefert.

Adresse Château de Chillon, Avenue de Chillon 21, 1820 Veytaux | **ÖV** Trolleybus 201, Haltestelle Chillon, CGN, Anlegestelle Château-de-Chillon | **Öffnungszeiten** Informationen unter www.chillon.ch | **Tipp** Alljährlich im September veranstaltet die Kellerei Henri Badoux eine öffentliche Abfüllung des Weines im Schlosshof. Aber natürlich kann man den Wein das ganze Jahr über im Schloss verkosten oder eine Schlossführung mit Weinprobe im Saal des Kastellans buchen.

99 Das Artilleriewerk Chillon

Moderne Verteidigung nach dem Vorbild der Ritter

Wie leicht vergisst man heute beim Anblick beeindruckender Burgen wie dem Château Chillon, dass diese einst ausschliesslich als Festungen an strategisch günstigen Orten zur territorialen Kontrolle errichtet wurden.

Daher wurde auch dieser Standort am Engpass zwischen See und Bergen in General Guisans Verteidigungsplan der Schweizer Alpen im Zweiten Weltkrieg sehr bewusst für den Bau einer Verteidigungsanlage ausgewählt. Den Haupteingang verschloss ein gut getarntes Tor in der Felswand direkt neben der Bushaltestelle Chillon schräg gegenüber der Burg, das in einen ab 1940 gebauten, unterirdischen Stollen führte, der unter der Kantonsstrasse und der Bahnlinie hindurch in zwei Kasematten neben den Schienen endete. Von hier aus wollte der General – wie einst die Ritter in der Burg – die wichtige Nord-Süd-Achse entlang des Genfersees zum Grossen Sankt Bernhard hin bewachen und schützen. Das von der Schweizer Gebirgsbrigade 10 zum Teil in den Fels gehauene und unter anderem mit sechs Kanonen ausgerüstete Artilleriewerk war so geplant, dass man sowohl die Strasse in Richtung Riviera mit Panzerhindernissen sperren als auch mit Geschützen die Eisenbahnlinie und das Gelände bis Saint-Gingolph sichern konnte.

Die fertig gebaute Sperrstelle, zu der neben einer Unterkunft für 181 Soldaten, ein Dutzend zur Hangsicherung teilweise auch in die Weinberge gebaute Panzersperren und insgesamt acht Kasematten gehörten, wurde 1942 der Festungsartilleriekompanie II/4 übergeben, 1961 von der neuen Truppenordnung dem Infanterieregiment unterstellt, 1994 stillgelegt und schliesslich 2001 aus der Geheimhaltung entlassen. 2010 wurde das Artilleriewerk von privaten Investoren gekauft und in ein Museum umgewandelt, das seit 2021 «Bunkergeschichte zum Anfassen» bietet, aber auch die Schweizer Verteidigungsstrategie des Réduit anschaulich in einem Film erklärt.

Adresse Fort de Chillon SA, Avenue de Chillon 22, 1820 Veytaux | **ÖV** Trolleybus 201, Haltestelle Chillon; CGN, Anlegestelle Château-de-Chillon | **Öffnungszeiten** Mi–So 10–18.30 Uhr, Informationen auf www.fortdechillon.ch | **Tipp** Wer sich für das Festungsgebiet Saint Maurice interessiert, zu dem das Artilleriewerk Chillon gehörte, sollte unbedingt auch eine Führung durch das Fort Scex, die historische Festung von Saint-Maurice in der Rhône-Ebene machen. Adresse: Route du Chablais, 1890 Saint-Maurice.

100_ Die Gandhi-Büste

Als Gandhi den Genfersee besuchte

Wer häufiger auf der Hauptstrasse 9 zwischen Montreux und Aigle unterwegs ist, mag sich gewundert haben, als 2019 an prominenter Stelle auf der Seeuferpromenade von Villeneuve plötzlich eine überlebensgrosse Büste Mahatma Gandhis aufgestellt wurde, denn der Zusammenhang zwischen dem beschaulichen Ort und dem indischen Morallehrer erschliesst sich wahrlich nicht sofort. Vielleicht sind daher auch nur eine Handvoll Zuschauer anwesend, als die Büste anlässlich des 150. Geburtstages Gandhis am 14. September 2019 vom indischen Präsidenten Ram Nath Kovind und seiner Gattin zu Alphornklängen feierlich eingeweiht wird.

Tatsächlich war Gandhi 1931 der Einladung seines Freundes Romain Rolland, seines Zeichens Schriftsteller, Humanist und Nobelpreisträger, gefolgt und verbrachte nach einem Besuch in London noch ein paar Tage in Rollands Villa, einem Nebengebäude des ehemaligen Nobelhotels Byron, in Villeneuve. 1924 hatte Rolland bereits eine Biografie Gandhis veröffentlicht und bewunderte den gewaltlosen Kampf für ein unabhängiges Indien, den asketischen Lebensstil und die ökologischen Ideen Gandhis. In seinem Tagebuch notiert Rolland während der sechs Tage nicht nur penibel die Ernährungsgewohnheiten seines Gastes, unter anderem, dass dieser zum Mittagessen lediglich ein paar Trauben isst und ein Glas Ziegenmilch trinkt und täglich Baumwolle spinnt, sondern auch, welchen Wirbel der Besuch und die öffentlichen Vorträge des indischen Pazifisten in der Schweiz auslösen. Tatsächlich fürchtete man, Gandhi sei an den Genfersee gekommen, um das Schweizer Volk zu entwaffnen und es dem Joch des Kommunismus zu unterwerfen, und stand daher dem indischen Freiheitskämpfer äusserst feindselig gegenüber. Die in Indien gegossene Büste, die auf einem Marmorsockel aus einem Steinbruch in Villeneuve steht, will nichtsdestotrotz ein Zeichen der Völkerverständigung und der Toleranz sein.

Adresse Route Cantonale 9, in Höhe der CGN-Anlegestelle auf der Seeuferpromenade | ÖV CGN, Anlegestelle Villeneuve, vom Bahnhof Villeneuve 2 Minuten zu Fuss, Trolleybus 201 bis Haltestelle Bahnhof Villeneuve | Tipp Im Eingangsbereich des COOP schräg gegenüber der Büste befindet sich die Ruine des einst 15 Meter hohen Bouvier-Turms aus dem 13. Jahrhundert, der von der damals strategisch wichtigen Lage Villeneuves zeugt.

101 Die Grotte du Scex

Die Schweizer Cousins der Neandertaler

Eigentlich ist die kleine, nur etwa sieben Meter tiefe Höhle in einem Hügel nahe der Autobahn, der heute zum Weingut Scex du Châtelard gehört, so unscheinbar, dass man sie vermutlich übersehen würde, gäbe es nicht ein kleines rot-weisses Hinweisschild an ihrem Eingang. Dennoch war sie die Fundstelle der ersten Siedlungsspuren vom Ende der Altsteinzeit, die zugleich die ersten Zeugnisse menschlicher Kultur in der gesamten Schweiz darstellen.

1868 entdeckt der Genfer Pastor und Naturkundler Louis Taillefer im Eingang der Felsengrotte, die auf dem Gebiet des Rhônegletscherdeltas liegt, ein menschliches Skelett ohne Kopf, das offensichtlich von Menschenhand sorgsam drapiert wurde, ausserdem Tonscherben und aus Rentierknochen geschnitzte Tierfiguren. In der Tiefe der Höhle ein weiteres Skelett und Tonscherben. Als er im Folgejahr mit dem Naturwissenschaftler Henri de Saussure zurückkehrt, finden sie einfache Kratzwerkzeuge aus Feuerstein. Im August 1900 werden bei einer erneuten Erforschung der Höhle und ihrer Umgebung Tierknochen, ein Faustkeil und ein mit Einkerbungen versehener Reisszahn eines Bären gefunden. Die meisten Fundstücke, die von der Steinzeit bis zur jüngeren Bronzezeit reichen, sind heute im Genfer Naturkundemuseum zu sehen.

Von all dem wird der Bischof von Sitten nichts gewusst haben, als er im Jahr 1005 dem Genfer Bischof einen Weinberg in Castellare (Châtelard) abtritt. Auf dem extrem felsigen Gelände wird Wein schon früh auf kleinen, ummauerten Terrassen angebaut, und daran hat sich bis heute nichts geändert. 1912 ersteht Georges Chollet 15 dieser Parzellen und erbaut auf dem Felsenhügel ein weithin sichtbares Haus. 1978 übernimmt Daniel Allamand das Haus von seinem Vater, erkennt das Potenzial des felsigen Terrains und gründet das Weingut Scex du Châtelard, das inzwischen weithin für seine Weine mit der mineralischen Note bekannt ist.

Adresse Route du Scex du Châtelard 2, 1844 Villeneuve, www.scexduchatelard.ch | ÖV vom Bahnhof Villeneuve zu Fuss etwa 20 Minuten | Tipp Zum Weingut, das fussläufig von Villeneuve erreicht werden kann, gehört auch eine hübsche Ferienwohnung, die mitten im Weinberg liegt. Ausserdem kann man im Weinkeller Freitag und Samstag vormittags oder nach Terminvereinbarung (unter Tel. +41/79/6239502) die Weine verkosten.

102 Les Grangettes

Eine Seepromenade der anderen Art

Im Jahr 563 wurde hier im Rhônedelta durch einen Bergsturz ein so gewaltiger Tsunami ausgelöst, dass selbst Genf auf der anderen Seite des Sees noch von einer über acht Meter hohen Welle getroffen wurde, die über die Stadtmauer schwappte und viele Einwohner tötete. Seit 2012 vermutet man, dass ein Bergrutsch eine gewaltige Unterwasser-Schlammlawine auslöste, die mehrere Millionen Tonnen Sediment verschob und dadurch die bis zu 16 Meter hohe Flutwelle in Gang brachte, die Genf in nur 70 Minuten erreichte.

Heute geht es im einst viel grösseren Rhônedelta wesentlich beschaulicher zu. Die Wanderung durch die zum Naturschutzgebiet Les Grangettes erklärte Uferlandschaft führt von Villeneuve bis Le Bouveret. Gleich zu Beginn kann man auf der rechten Seite einen hohen Holzturm besteigen, der eine gute Sicht über den See, aber vor allem über eine Lagune bietet, in der sich zahlreiche Wasservögel tummeln. Der 8,7 Kilometer lange Wanderweg bleibt stets nahe am schilfbewachsenen Ufer, durchquert den Campingplatz Les Grangettes, gewährt Einblick in den «Jardin Instinctif» des Fotografen Gérard Bonnet und führt weiter über die Vieux Rhône mit ihrem Yachthafen und kurz vor Le Bouveret dank einer neuen Metallbrücke über die hier kanalisierte Rhône, die jedoch im Frühjahr immer noch beeindruckend viel Wasser mit sich führt. Zum Schluss folgt man dem Kanal auf einer kleinen Asphaltstrasse noch etwa einen Kilometer bis zur Schleuse von Le Bouveret.

Zusätzlich gibt es auch Pfade für Rollstuhlfahrer und Fahrradfahrer durch die wunderbar friedliche, beinahe verwunschene Uferlandschaft, entlang kleiner Tümpel, Auenwälder, sandiger Strandabschnitte und ausgedehnter Feuchtwiesen, in denen unzählige Vogelarten brüten, sich Zugvögel auf ihrer Reise zu einer Rast niederlassen und sich Biber, Frösche, Libellen und andere Tiere mit dem Feldstecher beobachten lassen.

Adresse Ausgangspunkt: Parkplatz «Camping Les Horizons Bleus», 1844 Villeneuve, und von dort zu Fuss über die Brücke des Kanals Eau-Froide und den ausgeschilderten Wanderweg nach Le Bouveret folgen; zurück kann man von Le Bouvret aus mit dem Raddampfer wieder nach Villeneuve fahren | **ÖV** Trolleybus 201 bis Haltestelle Eau-Froide; CGN, Anlegestelle Villeneuve | **Tipp** Der Aquaparc in Le Bouveret ist ein riesiges Fun-Schwimmbad für die ganze Familie, aber der grosszügige Wellnessbereich lädt auch zur Entspannung nach der Wanderung ein. Adresse: Route de la Plage 122 (grosser Parkplatz vorhanden), 1897 Le Bouveret.

103 Das Mosimann-Museum

Das kulinarische Erbe eines Meisterkochs

Anton Mosimann, der 1947 geborene Schweizer Koch mit einer Vorliebe für extravagante Krawatten und Oldtimerrallyes, verdiente sich seine Meriten vor allem in Grossbritannien als Chefkoch der Londoner Dorchester Hotels, für die ihm Königin Elisabeth II. 2004 den Orden des British Empire verlieh.

2011 kochte er für die Hochzeit von Prinz William und Kate Middleton, bevor er 2016 in einem Seitenflügel der Hotelfachschule César Ritz Colleges ein Museum für seine riesige Kochbuchsammlung, für aussergewöhnliche Kochutensilien, Speisekarten und zahllose Erinnerungsstücke an seine Karriere einrichtete. Eine Schauküche ist der Küche in Claude Nobs' Chalet nachempfunden, in der Mosimann häufig mit dem Gründer des Jazzfestivals am Herd stand. Die Studenten der Hotelfachschule haben freien Zugang zu der Bibliothek, deren schönste Schätze vom kleinsten bis zum grössten Kochbuch der Welt in Vitrinen ausgestellt sind. 15 Kochbücher und eine Autobiografie hat Mosimann selbst verfasst, noch spannender sind seine Bankettpläne und Menüabfolgen, etwa für eine Gesellschaft von 3.000 Gästen oder für ein Mittagessen mit 21 Staatsoberhäuptern zur Feier des diamantenen Thronjubiläum der Queen im Jahr 2012. Historisch interessant sind Speisekarten wie die des Festessens, zu dem Kaiser Wilhelm II. am 23. Mai 1896 politische Vertreter einlud. Die restlichen Wände sind neben den vielen Auszeichnungen, die sich Mosimann im Laufe seiner Karriere erkocht hat, und Originalgemälden befreundeter Künstler vor allem mit Fotos all jener Promis und Staatsoberhäupter «tapeziert», die in den Genuss seiner Küche gekommen sind. Wer im Londoner Mosimann's speisen möchte, das inzwischen von seinen beiden Söhnen geleitet wird, muss sogar eine Member Card besitzen, damit die Royals, Stars und Sternchen unter sich bleiben, doch einen gedeckten Tisch aus dem Club kann man auch in Le Bouveret bewundern.

Adresse Route Cantonale 51, 1897 Le Bouveret | **ÖV** CGN, Anlegestelle Bouveret | **Anfahrt** von Villeneuve Richtung Aigle auf der Route Cantonale 9, im 3. Kreisverkehr die 1. Ausfahrt Richtung Le Bouveret nehmen und der Route Cantonale 21 folgen | **Öffnungszeiten** Mi 9–12 und 13–17 Uhr oder nach Voranmeldung unter Tel. +41/24/4828282 | **Tipp** Wem im Museum das Wasser im Munde zusammengelaufen ist, findet zahlreiche Sterne-Restaurants am Genfersee, darunter das Restaurant Le Pont de Brent (2 Sterne), L'Ermitage des Ravet in Vufflens-le-Château (1 Stern), Le Berceau des Sens in Lausanne (1 Stern), Les Saisons im Grand Hôtel du Lac (1 Stern) und die Molekularküche des Denis Martin in Vevey (1 Stern).

104 Die Wendemarke des Bol d'Or

Vom alljährlichen Ruhm eines Lastkahns

In Gegenrichtung zur Rhône, die bei Le Bouveret in den See mündet und bei Genf den See nach einer zehnjährigen Durchflusszeit wieder verlässt, startet alljährlich Mitte Juni bei Genf die grösste Segelregatta auf dem See, deren Wendemarke ein vor Le Bouveret im Wasser liegender Lastkahn ist. Die Segelboote folgen dabei der Südküste des sichelförmigen Sees und legen, bis sie den Genfer Hafen wieder erreichen, eine Strecke von etwa 125 Kilometern zurück. 2019 fegte allerdings ein derart heftiger Sturm über den See, dass nur 253 der 465 gestarteten Schiffe dieser weltweit wichtigsten Binnenseeregatta in den Hafen Port Noir zurückkehrten. Die anderen erlitten im wahrsten Sinne des Wortes Schiffbruch – Masten brachen, Segler gingen über Bord, viele Boote kenterten und sanken.

Dem Sieger winkt, wie könnte es anders sein, eine goldene Schale (»bol d'or«), die er für ein Jahr behalten darf, es sei denn, er beendet das Rennen dreimal innerhalb von fünf Jahren als Sieger seiner Bootsklasse, was jedoch bislang nur drei Seglern gelang. Der jüngste Bol-d'Or-Besitzer ist der superreiche Gründer der berühmten Alinghi-Werft Ernesto Bertarelli, der mit seinen Katamaranen die Regatta gleich siebenmal gewann. Sein Alinghi 5 wurde 2009 sogar vom grössten Helikopter der Welt zum 33. America's Cup nach Genua geflogen. Inzwischen ist Bertarelli noch mehr dem Rausch der Geschwindigkeit erlegen und hat mit dem TF 35 Katamaran eine neue Ära eingeleitet, denn dieser fliegt dank T-Foils unter den Rümpfen quasi über das Wasser. Seit Jahren kann man das Glück haben, zufällig seine neuesten ausgefeilten und zum Teil wie Erlkönige verhüllten Prototypen auf dem See zu sehen.

Und der rote Lastkahn? Hauptamtlich dient er dazu, mit seinem Bagger das Schwemmmaterial der Rhône zu heben, das als Baustoff abtransportiert wird.

Adresse 1897 Le Bouveret, von der Uferpromenade aus ist der Lastkahn gut zu sehen | ÖV CGN, Anlegestelle Le Bouveret | Anfahrt von Villeneuve Richtung Aigle auf der Route Cantonale 9, im 3. Kreisverkehr die 1. Ausfahrt Richtung Le Bouveret nehmen und der Route Cantonale 21 folgen | Tipp Im Nachbarort Saint-Gingolph lohnt der Besuch des Museums für Schiffbau und Schiffsverkehr auf dem Genfersee, in dem unter anderem Modelle historischer Barken und Segelschiffe gezeigt werden. Adresse: Musée des Traditions et des Barques du Léman, Place du Château 1, 1898 Saint-Gingolph, Informationen unter www.museedestraditions.com.

105 Die Grenze zu Frankreich

Vom kleinen Grenzverkehr

Im Schatten des gewaltigen Berg Grammont bildet auf der Südseite des Sees der Gebirgsbach Morge die Grenze zwischen Frankreich und der Schweiz, und dieser Fluss fliesst mitten durch die Gemeinde Saint-Gingolph, die ihren Namen dem heiligen Gangolf verdankt. An der Nationalstrasse 21, die auf der französischen Seite D1005 heisst, kontrolliert der Zoll den Grenzverkehr, unten am Seeufer kann man die Morge und damit die Landesgrenze über eine kleine Brücke jedoch getrost völlig «unkontrolliert» überschreiten. Und doch ändert sich hier mitten im Ortskern einfach alles: die Währung, die Preise, die Richtgeschwindigkeit auf der Landstrasse, die Architektur, die Vorliebe für Blumenschmuck auf den Fensterbänken und vor allem die Mentalität. Speist man auf der neutralen Schweizer Seite im Restaurant an der Anlegestelle am liebsten *filets de perches* aus dem See, bekommt man ein paar Schritte weiter im europäischen Frankreich *crêpes* und *cidre* angeboten.

Fährt man von hier aus 52 Kilometer weiter auf der Küstenstrasse durch das französische Département Haute-Savoie, markiert kurz vor Genf wieder ein Fluss die Grenze zur Schweiz. Zwischen der Morge und der Hermence liegen drei Kurorte, der auch für die Schweizer einst bedeutsame Steinbruch Meillerie und diverse kleine Dörfer und Weiler, die seit dem Rückgang der Fischerei zum Teil halb verwaist sind.

Hier wie drüben zehren die touristisch erschlossenen Orte Yvoire, Amphion-Les-Bains, Thonon-Les-Bains und Évian-Les-Bains vom Charme der Belle Époque beziehungsweise längst vergangener Zeiten. Vor allem Évian scheint vom vielen Wasser rundherum ganz besonders verwöhnt, verkauft sich das stille Wasser gleichen Namens doch hervorragend, dabei können sich Einwohner und Besucher das Wasser von der Cachat-Quelle auch direkt am Messinghahn in der Wandelhalle der Kurstadt abfüllen.

Adresse 1898 Saint-Gingolph | **ÖV** CGN, Anlegestelle Saint-Gingolph | **Anfahrt** von Villeneuve Richtung Aigle auf der Route Cantonale 9, im 3. Kreisverkehr die 1. Ausfahrt Richtung Le Bouveret nehmen und der Route Cantonale 21 bis zur Grenze folgen | **Tipp** Fürs Frankreichfeeling und um den fantastischen Blick auf die Schweizer Seite des Genfersees zu geniessen, lohnt die Einkehr in die kleine Crêperie du Lac, die bei gutem Wetter ihre Tische fast bis in den See hinein aufstellt. Adresse: 30 Quai André Chevallay, 74500 Saint-Gingolph.

106 Die Steinbrüche

Hier wurden mächtig Steine aus dem Weg geräumt

Meillerie, die nördlichste Gemeinde des französischen Départements Haute-Savoie und lediglich vier Kilometer von der Schweizer Grenze entfernt, liegt an der schmalsten Stelle des französischen Genferseeufers und zählt heute nur noch gut 300 Einwohner. Steil ragen hinter dem knapp vier Quadratkilometer grossen Dorf die Alpen empor, während das gegenüberliegende Schweizer Seeufer mit den Weinbergen des Lavaux geradezu lieblich anmutet. Vielleicht gab die Diozöse Lausanne das kleine Fischerdorf deshalb 1166 an die Abtei von Saint-Maurice d'Agaune im Austausch gegen ein jährliches Pfund Pfeffer ab. 1220 wird ein kleines Kloster in Meillerie zu einem Priorat ausgebaut, was dem kleinen Dorf zumindest kurze Zeit zu einer religiösen Bedeutsamkeit verhilft, bevor die Nachbargemeinde Évian hier das Zepter übernimmt.

Erst im 19. Jahrhundert blüht Meillerie so richtig auf, als man beginnt, im etwas oberhalb gelegenen Steinbruch Balle und kurz darauf auch in Balme Kalkstein abzubauen – ein Baustoff, der sich in den rasant wachsenden Städten rund um den Genfersee grosser Beliebtheit erfreut. Bald darauf arbeiten hier über 500 Männer, hinzu kommen all jene, die die behauenen Steine in Karren zum Seeufer transportieren und die Schiffsleute, die den Grossteil der Steine in eigens dafür gebauten, zweimastigen Barken mit den markanten Lateinersegeln nach Genf und Lausanne bringen. 1870 muss sogar der Verladehafen in Meillerie vergrössert werden, um die jährlich mehr als 20.000 Kubikmeter Gestein zu verschiffen. Erst mit dem Bau der Eisenbahn und später mit dem Hochbau aus Beton sank die Nachfrage derart, dass die alten Steinbrüche geschlossen wurden.

Heute ist nur noch ein einziger, der Öffentlichkeit nicht zugänglicher Steinbruch (Étalin) in Betrieb, das Material wird mittlerweile mit einem 800 Meter langen Förderband zum Seeufer transportiert und von dort mit modernen Lastkähnen verschifft.

Adresse Route Nationale 5 (D1005), 74500 Meillerie (Frankreich), gleich zu Beginn des Dorfes befindet sich rechter Hand der alte Verladehafen | **ÖV** von Saint-Gingolph Bus 131 bis Haltestelle Meillerie, Chef Lieu | **Tipp** Für trittsichere Wanderer führt ein knapp 8 Kilometer, in Gelb und Rot-Gelb ausgeschilderter Themenweg zu den beiden historischen Steinbrüchen Balle und Balme, der von Saint-Gingolph aus kommend kurz nach dem Ortsschild Meillerie beginnt. Der Beschilderung «Les Prés Fornay» folgen und unter dem Förderband links in den schmalen Wanderpfad Richtung Balme abbiegen.

107_Die Graziella-Quelle

Der Kampf ums Mineralwasser

Der Name des Ortes steht für das meistverkaufte stille Mineralwasser der Welt, dabei wurde die Quelle oberhalb Évians auf dem Besitz Gabriel Cachats 1789 ganz zufällig von dem französischen Marquis de Laizer entdeckt. Auf einem Spaziergang durstig geworden, trinkt er von ihr und kommt schnell auf den Geschmack, denn das Wasser hilft ihm offensichtlich auch, seine Nierenprobleme zu lindern. Gabriel Cachat beginnt, das Wasser zu verkaufen, bis die Gemeinde die Cachat-Quelle erwirbt, 1826 die erste Mineralabfüllgesellschaft für das Evian-Wasser gründet, sie an die «Betreibergesellschaft Évian» verpachtet und sich gleichzeitig als Kurort international zunehmender Beliebtheit erfreut. 1926 verzeichnet Henri Fournier vom Hydrologischen Institut in Lyon 63 Mineralwasserquellen in den Savoyer Alpen, darunter 21 auf dem Gebiet der Gemeinde Évian, und so ist es kein Wunder, dass auch andere davon profitieren wollen.

Dem Hôtel-Restaurant Les Cygnes am Eingang von Évian ist jedenfalls bis heute anzusehen, dass es in der Blütezeit der Belle Époque gebaut wurde, als der wirtschaftliche Aufschwung in Évian immer mehr an Fahrt aufnahm und selbst die Tour de France zum ersten Mal nicht mehr in Paris, sondern hier startete. Zwischen 1907 und 1927 wurde im Keller des heutigen Hauptgebäudes des Hotels das Mineralwasser der Graziella-Quelle abgefüllt, allerdings nicht von der Betreibergesellschaft Évian, sondern von der Konkurrenz «Vittel», die bereits seit 1854 in den Vogesen Wasser abfüllt und auch hier ein gutes Geschäft wittert. Das konnte man natürlich in Évian nicht auf sich sitzen lassen. In den Annalen heisst es nur, «dass man sich einigte», aber auf jeden Fall ist die Quelle seit 1927 wieder im Besitz des Hotels beziehungsweise der Famille Bron, die aus einem Wasserhahn im Innenhof des Hotels immer noch das frische Graziella-Quellwasser für das Restaurant abzapft, während sich der Nestlé-Konzern längst die Wasserrechte von Évian und Vittel eingeheimst hat.

Adresse Hôtel-Restaurant Les Cygnes, Avenue Grande Rive 8, 74500 Évian-les-Bains (Frankreich) | **ÖV** von Saint-Gingolph Bus 131 bis Haltestelle Grande Rive; mit dem Schiff: CGN, Anlegestelle Évian und von dort etwa 10 Minuten zu Fuss am Quai in Richtung Grande Rive | **Tipp** Das charmante Hotel-Restaurant besitzt zwei wunderschöne Terrassen, eine davon sogar auf einem Ponton direkt auf dem Wasser des Genfersees, und natürlich auch eine sehr verführerische Speisekarte.

108__Das Dorf der Flottins

Eine Märchenwelt aus Treibholz

Seit 2007 verwandelt sich die Altstadt von Évian bis hinunter ans Seeufer in der Weihnachtszeit in einen Skulpturenpark aus riesigen, wunderschön angeleuchteten Treibholzfiguren. Dieses «fabelhafte Dorf der Flottins», kleinen Wichteln aus Treibholz, war einem Märchen zufolge bereits in grauer Vorzeit am Ufer des magischen Sees entstanden, da sich sämtliche Elfen, Zwerge, Meerjungfrauen, Feen, Hexen, Kobolde … in dieser Zeit vom Unbill der wilden Natur in den Alpen hier ausruhten. Als der Weihnachtsmann bei einem Übungsflug über dem Genfersee notwassern musste, weil seine Rentiere in einen hitzigen Streit geraten waren, wurde er von den Flottins gerettet und in ihrem Dorf aufgenommen. Vorsorglich errichteten diese Wichtel daraufhin aus Schwemmholz eine wunderschöne Hütte für Schiffbrüchige. Seitdem schaut der Weihnachtsmann aus Dankbarkeit alljährlich vor seiner grossen Reise in Évian vorbei, aber auch Menschen können hier inzwischen verweilen und zum Beispiel vom Abondance kosten, einer lokalen Käsespezialität mit dem Ursprungssiegel des Départements Haute-Savoie.

Tatsächlich wird das ganze Jahr unter der Schirmherrschaft des Toupine-Theaters angeschwemmtes Holz aus dem See, dem Rhônedelta, dem Schweizer Wallis und französischen Talsperren gesammelt und von verschiedenen Vereinen und Künstlern in Gemeinschaftsarbeit zu monumentalen und fantasievollen Skulpturen geformt. Ausserhalb der Weihnachtszeit kann man einige der grossen Treibholzfiguren das ganze Jahr über in Évian bewundern, so in den Grünanlagen am See oder im Zentrum von Kreisverkehren. Und auch von manch einem Balkon schauen sie verschmitzt herab. Mittlerweile bietet das Toupine-Theater sogar mehrmals pro Jahr kostenlose Workshops an, in denen der Umgang mit Schwemmholz gelehrt und der Fantasie auf die Sprünge geholfen wird. Und auch der Abondance-Käse schmeckt natürlich das ganze Jahr über.

Adresse 74500 Évian-les-Bains (Frankreich) | ÖV mit dem Schiff: CGN, Anlegestelle Évian oder mit dem Bus 131 von Saint-Gingolph bis Haltestelle Évian-les-Bains, Gare Routière | Tipp Ein kleiner Abstecher ins Hinterland in das Tal der Dranse d'Abondance mit der gleichnamigen hübschen Gemeinde, in der natürlich ein Besuch in einer Käserei nicht fehlen darf.

109 Der Zungen-Turm

Rinderzungen für die Begleichung der Steuerschuld

Auch die grösste Stadt am französischen Südufer des Genfersees verdankt ihren wirtschaftlichen Aufschwung im 19. Jahrhundert den sprudelnden Wasserquellen der Savoyer Alpen. Dennoch war sie schon früh eine wichtige Handelsstadt, wurde im 16. Jahrhundert zweitweise auch von Bern aus regiert und ist heute die Hauptstadt des französischen Chablais. Im 13. Jahrhundert wurde der einstige Weiler Rives, der heute eingemeindet ist, vom Savoyer Grafen Philippe I. durch eine Burg und Stadtmauern geschützt, von denen nur noch die Ruine eines etwas später gebauten, kleinen, runden Turms erhalten ist, der gegenüber einer neogotischen Kapelle an einer Durchfahrtsstrasse steht und das historische Fischerdorf Rives überragt. Seinen zweifelhaften Ruhm und seinen Namen verdankt der Turm einem mittelalterlichen Steuergesetz der Feudalherren. Bis ins 18. Jahrhundert mussten Metzger nämlich an diesem Turm für den Erhalt einer Schlachterlaubnis eine Abgabe in Form von Naturalien zahlen und das hiess eine Zunge von jedem geschlachtetem Rind. Ab 1850 zog es auch die professionellen Fischer vom ehemaligen Hafenbecken östlich von Rives an diesen schmalen Küstenstreifen unterhalb der Burgmauern, wo sie aufgrund des beengten Platzes ihre Holzhütten nebeneinander errichteten und mit dem reichlich sprudelnden Mineralwasser der Gemeinde ihre Frischwasserbecken füllten. Diese am Genfersee einzigartige Ansammlung historischer, liebevoll restaurierter Fischerhütten erinnert zwar ein bisschen an den Besuch eines Freilichtmuseums, dennoch wird von hier aus bis heute aktiv Fischfang betrieben, werden die Netze und Reusen zum Trockenen an Land gebracht und kann man Fischern bei der Arbeit zusehen.

Den schönsten Blick auf den Turm und das Fischerdorf hat man von der Aussichtsplattform auf dem Hügel Belvédère, den man mit einer 1888 gebauten und inzwischen automatisierten Standseilbahn erreichen kann.

Adresse 43 Avenue de Général Leclerc, 74200 Thonon-les-Bains (Frankreich) | **ÖV** mit dem Schiff: CGN, Anlegestelle Thonon-Les-Bains und circa 5 Minuten weiter zu Fuss oder von Saint-Gingolph mit dem Bus 131 bis Haltestelle Place des Arts und etwa 7 Minuten zu Fuss | **Tipp** Seit 1987 befindet sich in drei kleinen Fischerhütten unterhalb des Turms das Fischereimuseum «Écomusée de la Pêche et du Lac». Adresse: 2 Quai de Rives, 74200 Thonon-les-Bains.

110 Der Garten der fünf Sinne

Auf verschlungenen Pfaden

Der Garten, der alle Sinne anspricht, liegt inmitten des kleinen mittelalterlichen Städtchens, das sich in über 700 Jahren vom ehemaligen Fischerdorf zu einem der vom französischen Kulturministerium ausgezeichneten «Schönsten Dörfer Frankreichs» gemausert hat und auf einer Halbinsel in den See hineinragt. Im Schatten der mächtigen Befestigungsanlage lassen Anne-Monique und Yves d'Yvoire 1986 auf der Brachfläche des ehemaligen Schlossgartens nach mittelalterlichem Vorbild ein Gartenlabyrinth anlegen. Als Nachkommen der Familie Bouvier, die 1655 das Herzogtum Yvoire erwarb, stellt das Ehepaar ein Team aus Landschaftsarchitekten und Gärtnern zusammen, um 15 Monate später einen der Öffentlichkeit zugänglichen Garten zu präsentieren, der dazu einlädt, ein durch hohe Buchenhecken eingeschlossenes Gartenlabyrinth mit neun verschiedenen Themenbereichen zu erkunden.

Der kleine Alpengarten gleich hinter dem Eingang ist rund um einen grossen Findling angelegt, der 1986 an eben dieser Stelle gefunden wurde. Danach führt der Weg vorbei an Beeten in unterschiedlichen Farben, einem Garten zum Anfassen, einer «lauschigen» Ecke mit Vogelgezwitscher und dem Plätschern eines Brunnens, weiter in den Duftgarten und den Garten, der zum Schmecken verschiedener Kräuter, Gemüse und Früchte einlädt, anschliessend in einen Klostergarten mit vielen Heilpflanzen, einen als Schachbrettmuster angelegten Ziergarten und zum Schluss ins Reich der im Unterholz schlummernden Schattengewächse. Je nach Jahreszeit pflegen bis zu fünf Gärtner die Anlage. Das Ehepaar d'Yvoire musste damals grosse Überzeugungsarbeit leisten, um die Gemeinde von seiner Idee zu überzeugen – denn die wollte an just dieser Stelle eigentlich lieber einen Parkplatz bauen, um das Stadtsäckel zu füllen.

Adresse Rue du Lac, 74140 Yvoire (Frankreich) | ÖV mit dem Schiff: CGN, Anlegestelle Yvoire; von Saint-Gingolph aus mit dem Bus 131 bis Thonon, Place des Arts und weiter mit Linie 152 nach Yvoire, Pre Ponce | Öffnungszeiten April–12. Sept. 10–18.30 Uhr, 13. Sept.–3. Okt. 10–17.30 Uhr, www.jardin5sens.net | Tipp Jeden Sonntag lässt sich hier ein Gärtner bei der Arbeit über die Schulter schauen und beantwortet Fragen zum Gehölzschnitt, zum Düngen und zu allen anderen Gartenarbeiten.

111__Das Fischerdorf

Künstlerische Inspiration angeln

Am Ende der Südseite des Genfersees und nur noch 22 Kilometer von Genf entfernt, liegt die nur gut 1,8 Quadratkilometer grosse Gemeinde Nernier, die touristisch überraschend wenig erschlossen ist, obwohl sie sich mit ihrem kleinen Hafen, den gepflasterten Gässchen und dem wunderhübschen, geschlossenen mittelalterlichen Dorfkern keinesfalls hinter dem etwas grösseren Nachbarort Yvoire zu verstecken braucht.

Immerhin wussten Literaten und Künstler schon während der ersten Blütezeit des Tourismus am Genfersee das kleine, malerische Örtchen zu schätzen. Der britische Schriftsteller Lord Byron fuhr mit seinen Gästen Percy Bysshe und Mary Shelley häufig von seiner Sommerresidenz in Cologny bei Genf mit dem Boot hinüber in das hübsche Fischerdorf. An der kleinen, 1789 gebauten Pension direkt am Hafen, in der Mary Shelley an ihrem «Frankenstein» schrieb, erinnert eine Gedenktafel an die illustren Gäste. Der französische Autor Alphonse de Lamartine verbrachte 1815 mit verklärtem Blick auf das einfache Leben der Fischer gleich 100 Tage in Nernier, die Verse eines seiner berühmtesten romantischen Gedichte «Le Lac» (Der See) sind in marmornen Bodenplatten auf dem Hafendamm eingelassen. Verliebt in die Tochter eines Schiffers schrieb er, hier seinen «Garten Eden» gefunden zu haben. Zitate anderer Schriftsteller hängen gerahmt an der Mauer unterhalb der Dorfkirche. Gemälde des italienischen Malers Enrico Vegetti hängen im Rathaus und inspirierten die Gemeinde dazu, eine Malschule zu eröffnen und kleine Ateliers für Künstler bereitzustellen, sodass Nernier vor allem in den 1950er Jahren zu einem wahren Künstlerdorf avancierte. Vom kleinen Hafen mit Liegeplätzen für 250 Boote, in dem auch die 1911 gebaute und liebevoll restaurierte Segelyacht «Calypso» liegt, kann man am Seeufer entlang zu Fuss bis Yvoire oder in die andere Richtung bis nach Tougues wandern.

Adresse 74140 Nernier (Frankreich) | ÖV mit dem Schiff: CGN, Anlegestelle Nernier | Tipp Am Ufer entlang, immer auf Höhe des Sees weiter nach Tougues spazieren und auf der Terrasse des Restaurant du Port neben der alten Zollstation einkehren.

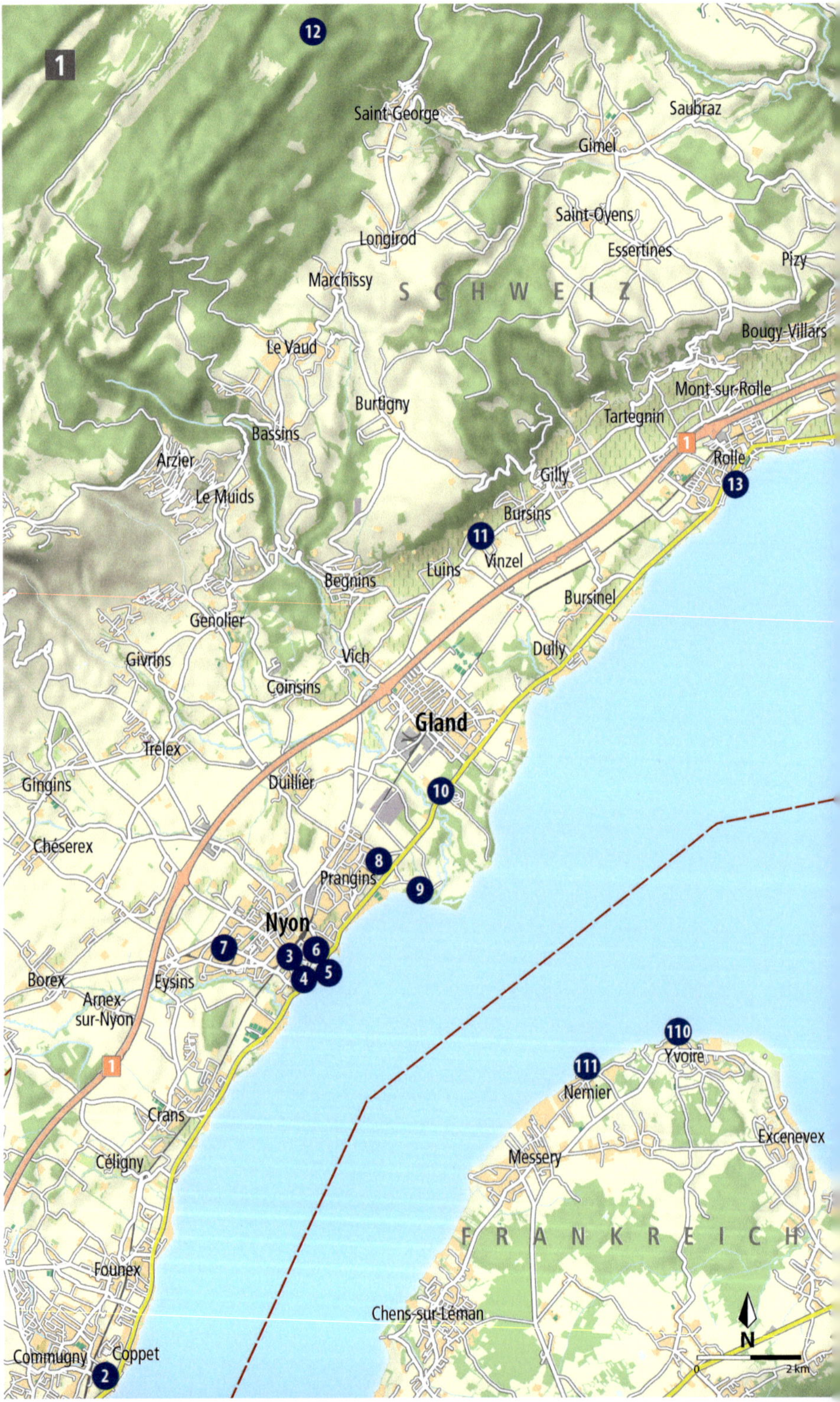

1
Saint-George
Saubraz
Gimel
Saint-Oyens
Longirod
Essertines
Pizy
Marchissy
SCHWEIZ
Bougy-Villars
Le Vaud
Mont-sur-Rolle
Burtigny
Tartegnin
Bassins
Rolle
Arzier
Gilly
Le Muids
Bursins
Vinzel
Luins
Begnins
Bursinel
Genolier
Dully
Vich
Givrins
Coinsins
Gland
Trélex
Duillier
Gingins
Chéserex
Prangins
Nyon
Borex
Eysins
Arnex-
sur-Nyon
Yvoire
Nernier
Crans
Excenevex
Messery
Céligny
FRANKREICH
Founex
Chens-sur-Léman
Commugny
Coppet
N
0
2 km

16
17
Bussy-Chardonney
Vufflens-le-Château
23
Echichens
Lonay
2
Yens
20
Denens
Chigny
Préverenges
25
15
Saint-Livres
Villars-sous-Yens
Morges
26
Saint-Sulpice
Lully
21
24
Lussy-sur-Morges
Montherod
Lavigny
Aubonne
22
Etoy
1
19
Féchy
18
Saint-Prex
14
Perroy
Allaman
Buchillon
Genfersee
Amphion-les-Bains
Publier
Marin
109
Thonon-les-Bains
Anthy-sur-Léman
FRANKREICH
Armoy
Margencel
Allinges
Lyaud
Sciez

9
3
1
Romanel-sur-Lausanne
Grand-Mont
Le Mont
Crissier
Bussigny
Renens
Ecublens
Prilly
Chavannes
5
LAUSANNE
42
Vers-chez-les-Blanc
Épalinges
Montblesson
La Claie-aux-Moines
Savigny
SCHWEIZ
Belmont-sur-Lausanne
Corsy
La Croix
Pully
Paudex
Lutry
Aran
Grandvaux
Riex
Cully
33
40
44
54
53
56
57
58
59
60
61
Saint-Sulpice
Genfersee
Évian-les-Bains
Grande Rive
Meillerie
108
107
106
Lugrin
Maxilly-sur-Léman
Neuvecelle
Thollon-les-Mémises
Saint-Paul-en-Chablais
Larringes
FRANKREICH
Bernex
N
0
2 km

4
Vuibroye
Oron-la-Ville
Châtillens
Essertes
Semsales
Mollie-Margot
Palézieux
Maracon
Ecoteaux
Forel
Les Thioleyres
Palézieux-Gare
Remaufens
Tatroz
Châtel-Saint-Denis
Granges
Bossonnens
Les Paccots
Attalens
12
SCHWEIZ
Puidoux
Puidoux-Gare
Chexbres
Chardonne
Jongny
Rivaz
Saint-Saphorin
9
Corseaux
Corsier
Saint-Légier-La Chiésaz
Blonay
Vevey
Brent
La Tour-de-Peilz
Les Avants
Chernex
Clarens
Glion
Caux
Montreux
Territet
Veytaux
Villeneuve
Saint-Gingolph
Le Bouveret
Noville
Rennaz
Novel
Les Evouettes
Crebelley
Roche
55 62 63 64 66 65 67 69 68 70 71 72 73 74 75 76 77 78 79 80 81 82 83 84 85 86 87 88 89 90 91 92 93 94 95 96 97 98 99 100 101 102 103 104 105

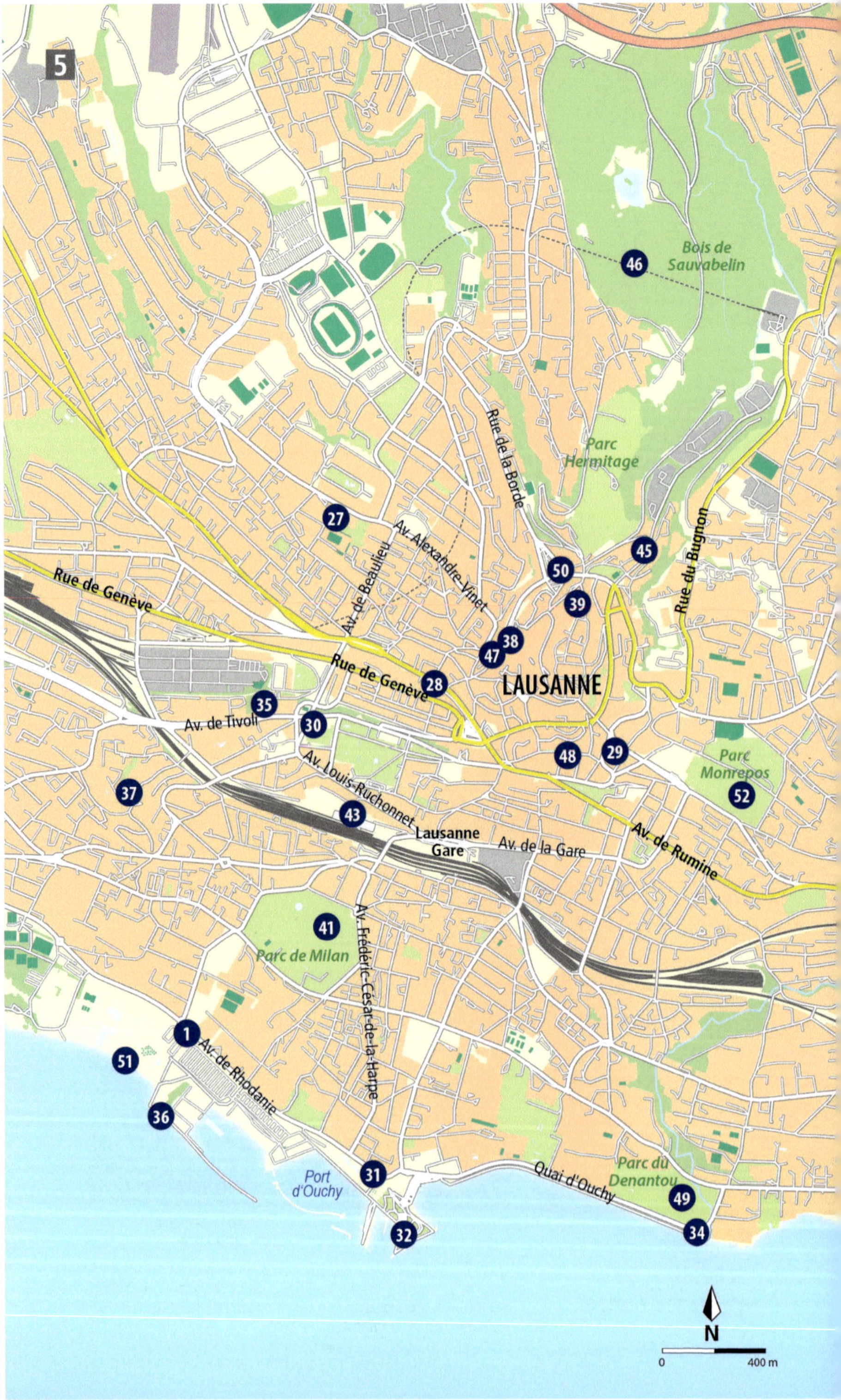
5
Bois de Sauvabelin
46
Rue de la Borde
Parc Hermitage
27
Av. Alexandre-Vinet
Av. de Beaulieu
45
50
Rue du Bugnon
39
Rue de Genève
38
47
Rue de Genève
28
LAUSANNE
35
Av. de Tivoli
30
48
29
Parc Monrepos
Av. Louis-Ruchonnet
37
52
43
Lausanne Gare
Av. de la Gare
Av. de Rumine
41
Av. Frédéric-César-de-la-Harpe
Parc de Milan
1
Av. de Rhodanie
51
36
Port d'Ouchy
31
Quai d'Ouchy
Parc du Denantou
49
32
34
N
0
400 m

Marcus X. Schmid
111 Orte im Herzen des Jura, die man gesehen haben muss
ISBN 978-3-7408-1364-2

Walter M. Weiss
111 Orte im Ausseerland, die man gesehen haben muss
ISBN 978-3-7408-1464-9

Benjamin Amiguet, Marc Voltenauer
111 Orte in den Waadtländer Alpen, die man gesehen haben muss
ISBN 978-3-7408-1466-3

Pierre Thomas
111 Schweizer Weine, die man getrunken haben muss
ISBN 978-3-7408-1301-7

Silvia Schaub
111 Orte im Engadin, die man gesehen haben muss
ISBN 978-3-7408-1386-4

Petra Koci
111 Orte im Kanton Glarus, die man gesehen haben muss
ISBN 978-3-7408-1066-5

Christoph Schrahe, Stefan Herbke, Thomas Biersack
111 Skipisten, die man gefahren sein muss
ISBN 978-3-7408-0983-6

Katharina Hohmann, Fritz von Klinggräff, Ambroise Tièche
111 Orte in Genf, die man gesehen haben muss
ISBN 978-3-7408-0835-8

Christof Gasser, Barbara Saladin
111 Orte im Kanton Solothurn, die man gesehen haben muss
ISBN 978-3-7408-0975-1

Silvia Schaub, Nina Kobelt
111 Orte rund um den Säntis, die man gesehen haben muss
ISBN 978-3-7408-0550-0

Oliver Schröter
111 Orte in Zürich, die man gesehen haben muss
ISBN 978-3-95451-538-7

Sonja Muhlert
111 Orte in und um Biel/Bienne, die man gesehen haben muss
ISBN 978-3-7408-0340-7

Mercedes Korzeniowski-Kneule
111 Orte in Basel, die man gesehen haben muss
ISBN 978-3-95451-702-2

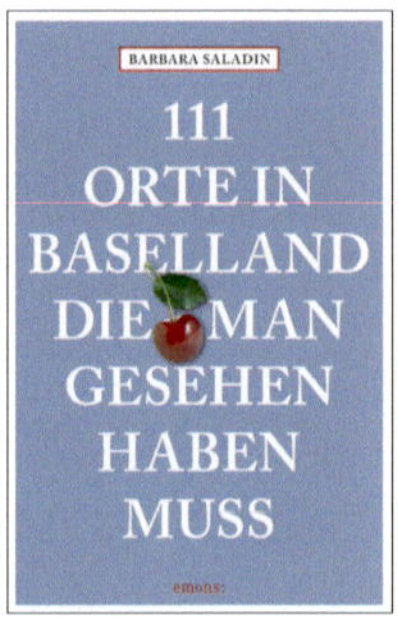

Barbara Saladin
111 Orte in Baselland, die man gesehen haben muss
ISBN 978-3-7408-0122-9

Silvia Götschi
111 Orte im Kanton Schwyz, die man gesehen haben muss
ISBN 978-3-7408-0116-8

Marcus X. Schmid
111 Orte in Luzern und rund um den Vierwaldstättersee, die man gesehen haben muss
ISBN 978-3-7408-1367-3

Christian Löhden
111 Orte in Graubünden, die man gesehen haben muss
ISBN 978-3-7408-1195-2

Regula Tanner
111 Orte im Berner Oberland, die man gesehen haben muss
ISBN 978-3-7408-1187-7

Danksagung

Mein Dank gilt all den Freunden, die mir geholfen haben, neue Orte rund um den Genfersee zu entdecken und bekannte Orte mit neuen Augen zu sehen, allen voran Miryam und Christian Burnier, Sabine und Jacques Potterat, Angelo Bettinaglio und Benjamin Amiguet.

Ein besonderer Dank gilt meiner Lieblingscousine Clara, die mit mir kreuz und quer durch Lausanne gestreift ist, um mir ihre Stadt zu zeigen, meiner Mutter und immer ersten Korrekturleserin, ohne die es mein Schweizer Paradies gar nicht gäbe, und posthum meiner Grossmutter, die mir wunderschöne Kindheitserlebnisse am Genfersee beschert hat. Ursula Heinelt danke ich für das schöne Foto von mir und Gatien Cosendey für das großartige Unterwasser-Foto vom Wrack der «Hirondelle», das er mir zur Verfügung gestellt hat. Und natürlich bedanke ich mich ganz herzlich beim weltbesten Ehemann, der nicht nur mein Leben, sondern auch meine Suche nach immer neuen Orten begleitet und das Making-of dieses Buches fantastisch unterstützt hat.

Franziska Weyer ist gelernte Buchhändlerin, Literaturübersetzerin und passionierte Pferdezüchterin. Seit ihrer Kindheit hat sie den Genfersee vom Haus ihrer Großmutter aus erkundet und mittlerweile einen zweiten Lebensmittelpunkt in Chernex mit Blick auf den See und die Berge gefunden.